Carolin Fey

Klartext reden!

Wie Frauen sagen, was sie wollen,
und bekommen, was sie möchten.

Inhalt

Sagen Sie, was Sie meinen!

Wie kommt es nur, dass wir so oft aneinander vorbeireden und uns missverstehen, obwohl wir doch alle dieselbe Sprache sprechen? Der Grund dafür ist ein ganz einfacher: Wir sagen nicht klar und deutlich, was wir möchten.

In vielen Fällen kann es ganz einfach sein, unsere Wünsche zu artikulieren – etwa wenn es sich um eine kurze Informationsvermittlung oder um eine selbstverständliche Bitte handelt. Sobald die Sachlage und die Zusammenhänge komplexer werden und wir verschiedene Informationen gleichzeitig vermitteln möchten, wird es schon schwieriger. Auch wenn das Gesprächsziel nicht eindeutig definiert ist, wenn wir von einer Situation überrascht werden und natürlich dann, wenn Repressalien zu befürchten sind, ist es alles andere als einfach, Klartext zu reden. Manchmal kann es sogar besser sein, ein Thema nicht anzusprechen oder sich indirekt auszudrücken. So können die Umstände unpassend sein oder wir möchten die Konsequenzen nicht tragen. Solche Situationen sind allerdings seltener als oft angenommen. Wenn Sie also gehört werden und Ihre eigenen Ideen umsetzen wollen, wenn Sie im Reinen mit sich selbst und Ihrer Umwelt leben möchten, sollten Sie klar und eindeutig Stellung beziehen. Klar Stellung zu beziehen heißt: deutlich und verständlich sagen, was Sie meinen.

Frauen sprechen anders!

Frauen gelten im Vergleich zu Männern als kommunikativer und kooperativer. Sie bringen ein großes Potenzial für partnerschaftliche Gespräche mit, sprechen aber seltener eine klare und direkte Sprache – besonders dann, wenn es um die eigenen Bedürfnisse geht. Das ist ein deutlicher Nachteil, denn klare Formulierungen sind wichtig, um Ziele durchsetzen und die eigenen Wünsche befriedigen zu können. Nur wenn Sie zu Ihren Standpunkten stehen und das auch mit Ihrer Körpersprache, Stimme und Sprechweise ausdrücken, haben Sie die Chance, gehört und wahrgenommen zu werden. Ihre Argumente haben mehr Gewicht, Sie können Entscheidungen stärker beeinflussen und mehr Ideen umsetzen – und nicht zuletzt kommen Sie auch im Job weiter. Was ich aber für das Wichtigste halte: Sie stehen zu sich selbst!

In meinem Beruf als Kommunikationstrainerin höre ich täglich, dass es Frauen in bestimmten Situationen vermeiden, Klartext zu reden, besonders wenn es um die Formulierung eigener Wünsche und Ansichten geht. In meinen Seminaren habe ich viele Frauen (und auch manche Männer) angeleitet und ermutigt, ihre Scheu zu überwinden, sich zu Wort zu melden oder ein klärendes Gespräch zu führen. Ich habe sie darin bestärkt, ihre Redebeiträge klar, strukturiert und lösungsorientiert zu formulieren.

Über dieses Buch

Die Beispiele in diesem Buch sind vorwiegend persönliche Geschichten von TeilnehmerInnen aus meinen Seminaren und Beratungen. Wir haben die Angelegenheiten gemeinsam besprochen, neue Lösungswege entwickelt und ausprobiert. Daneben sind viele Beispiele aus dem privaten Alltag und Erfahrungen von Bekannten, FreundInnen und KollegInnen hier mit eingeflossen. Dabei habe ich die Namen der Personen und Organisationen geändert. Das Buch bietet neben Erklärungen, Beispielen und theoretischen Ausführungen viele konkrete Tipps und Übungen zur Zieldefinierung und klaren Ausdrucksweise.

Auf Seite 122 finden Sie außerdem eine Kopiervorlage für Ihr persönliches Erfolgstagebuch, in dem Sie Ihre Erkenntnisse, Ziele und Erfolge festhalten können. In Momenten, in denen wir uns unsicher fühlen, vergessen wir nämlich nur allzu gern, was wir bereits geleistet und wie oft wir schon Klartext geredet haben. In diesen Situationen stärkt es das Selbstbewusstsein und Selbstwertgefühl, über die bisherigen Erfolge und erreichten Ziele zu lesen.

Bin ich höflich, ehrlich oder beides?

Cora Hübsch lässt sich von einem unsympathischen Nachbarn die Zeit stehlen und ärgert sich: »Warum bin ich immer so höflich? Warum sage ich nicht, was ich denke? Aus Höflichkeit habe ich mich schon so oft in die unangenehmsten Situationen gebracht. Aber ich kann es einfach nicht lassen.« So lässt Ildikó von Kürthy die Hauptfigur in ihrem Roman »Mondscheintarif« darüber sinnieren, wie unangemessene Höflichkeit Konflikte auslöst.

Höflichkeit – nicht immer eine Tugend!

Fast jede Frau kennt das Problem, einfach nicht sagen zu »können«, was sie nicht will und was ihr lieb wäre. Dabei ist es unwichtig, ob es sich um die Hausärztin handelt, deren Diagnose falsch war, den Computerfachmann, an dessen Kompetenz Sie langsam zweifeln, oder die Kollegin, deren ausschweifende Urlaubsgeschichten Sie ungeduldig machen. Vielleicht haben Sie letzterer beim Zuhören sogar noch höflich zugenickt, scheinbar interessierte Fragen gestellt und dabei doch nur an den Riesenberg Arbeit auf dem eigenen Schreibtisch gedacht.

Sicherlich haben Sie auch schon mal einem aufdringlichen Verehrer oder einer Verehrerin signalisiert, dass deren Annäherungsversuche aussichtslos sind – ohne Erfolg.

Ein weiteres gutes Beispiel ist die Teambesprechung: Ist es Ihnen schon mal passiert, dass Sie wiederholt versucht haben, Ihre Meinung zu äußern, doch immer ist Ihnen jemand ins Wort gefallen oder kam Ihnen zuvor? Und Sie ließen jedes Mal unmutig, aber »höflich« den anderen den Vortritt.

Wie die Romanheldin Cora Hübsch haben Sie sich bei all diesen Situationen zwar über sich selbst geärgert, aber nichts dazu gesagt. Im Stillen haben Sie sich gedacht, dass die anderen doch merken müssten,

Aus falsch verstandener Höflichkeit bringen wir uns oft in Situationen, unter denen wir selbst leiden.

was los ist. Manche haben es vielleicht sogar gemerkt, andere wollten es einfach nicht merken. Die meisten aber merkten es wahrscheinlich tatsächlich nicht! Und genau denen müssen Sie klar und deutlich sagen, was Sie wollen!

Sie wissen vielleicht, dass es nicht immer gut ist, höflich zu sein. Trotzdem sind Sie es aber. Hundertmal haben Sie sich schon vorgenommen: »Wenn das noch mal passiert, dann sag' ich aber was!« Und doch reagieren Sie beim nächsten Mal wieder nicht.

Warum aber genügen die meisten Frauen höflich den Erwartungen der anderen? Warum winden sie sich in Entschuldigungen und Notlügen, um einer unbequemen Situation aus dem Weg zu gehen? So stoppen wir die Kollegin mit einem »Ich muss noch dringend mit dem Chef telefonieren« und flüchten, bevor sie zum nächsten Satz ansetzt. Anstatt unserer Wut ordentlich Luft zu machen und uns Unterbrechungen nicht gefallen zu lassen, rechtfertigen wir uns vor uns selbst mit Gedanken wie: »Ich wollte in der Teambesprechung ohnehin nichts Wichtiges sagen.«

> **Anstatt offen ihren Unmut kundzutun und das Problem auf den Tisch zu bringen, flüchten viele Frauen in Ausreden und Notlügen.**

Sind Notlügen sinnvoll?

Sicher ist es möglich, unangenehmen Situationen auch mit Notlügen zu entkommen – einschließlich jenen, mit denen wir uns selbst etwas vormachen. Ab und zu ist das sogar der schnellste und bequemste Weg, um das Ziel zu erreichen. In einer aktuellen Studie wurden 2 490 Frauen und Männer befragt, ob sie Notlügen für legitim halten. Fast alle waren sich einig: »Um sich Probleme zu ersparen« oder »um im Job voranzukommen«, sei der Gebrauch einer Notlüge in Ordnung. Männer benutzten Notlügen überwiegend, »um sich in ein besseres Licht zu rücken«, während 85 Prozent der befragten Frauen sich mit einer Notlüge behalfen, »um andere nicht zu kränken«. Offensichtlich sind es also völlig unterschiedliche Motive, die Frauen und Männer zum Lügen verleiten. Doch was ist, wenn die Notlüge das Problem nur zur Hälfte löst? Vielleicht wären Sie gerne noch auf der Vernissage geblieben, wenn Sie sich nicht gegen den aufdringlichen Verehrer hätten behaupten müssen.

Möglicherweise hätten Sie statt der maßlos langen Ausführungen der Kollegin lieber einige informative Hinweise über das Urlaubsland erhalten. Im schlimmsten Fall kann eine Notlüge Sie sogar in neue Schwierigkeiten bringen: »Ach, ich dachte, du müsstest dringend mit dem Chef telefonieren«, meckert die Kollegin am nächsten Tag. »Er sagte mir gerade, dass er gar nicht mit dir gesprochen hat.« Nun wurden Sie ertappt. Um die wirklich unangenehme Situation zu retten, bleibt oft nur die nächste Notlüge.

Durch eine Notlüge manövrieren Sie sich schnell selbst ins Aus. Sagen Sie also, was Sie stört, auch wenn es manchmal Mut kostet.

Trauen Sie sich!

Wieso sagen Sie Ihrer Kollegin nicht einfach: »Bitte erzähle mir mehr von deinem Urlaub beim Mittagessen. Jetzt muss ich arbeiten.« Oder dem unerwünschten Verehrer oder der Verehrerin: »Ich mag es nicht, wenn Sie mir so nahe kommen.« Oder in der Teambesprechung: »Unterbrechen Sie mich bitte nicht. Ich möchte erst zu Ende sprechen«? Wie informieren Sie die Ärztin, dass Sie mit ihrer Behandlung nicht zufrieden sind? Und wie sagen Sie dem Computerfachmann, dass Sie seine Kompetenz infrage stellen?

Indem Sie eine ICH-Botschaft senden, ist das Risiko, jemanden zu verletzen, wesentlich geringer. Auch die Wahrscheinlichkeit, dass Sie Nachteile oder Repressalien zu spüren bekommen, ist viel geringer. Weisen Sie keine Schuld zu, sondern sagen Sie, wie es Ihnen ergangen ist, welche Gefühle und Gedanken die nicht zufriedenstellende ärztliche Behandlung bei Ihnen ausgelöst hat. Oder welche Befürchtungen Sie mit der mangelnden Kompetenz des Computerfachmanns verknüpfen.

Trotzdem kann es Ihnen natürlich auch bei ICH-Botschaften passieren, dass die Kollegin denkt, Sie hätten grundsätzlich kein Interesse an ihr und Sie dann ihrerseits ablehnen. Eine aufdringliche Person könnte sich beleidigt zurückziehen, vielleicht sogar den Spieß umdrehen und fragen, was Sie sich eigentlich einbilden. In der Teamsitzung könnten Sie unangenehm auffallen, wenn Sie sich durchsetzen, und für vorlaut und karriereorientiert gehalten werden.

Diese Konsequenzen möchte ich nicht tragen:
- Ich möchte die Gefühle anderer nicht verletzen.
- Ich möchte nicht, dass mich andere nicht mehr mögen.
- Ich möchte nicht, dass andere denken, ich würde sie nicht mögen.
- Ich möchte nicht mit ablehnendem und feindseligem Verhalten konfrontiert werden.

Deshalb bin ich höflich und nicht ehrlich.

Treffen Sie Entscheidungen!

Je widersprüchlicher die Lage ist und je abhängiger wir in einer bestimmten Situation sind (oder uns fühlen), umso eher werden wir den nach außen hin höflichen Weg wählen.

Entscheiden Sie sich bewusst – für oder gegebenenfalls gegen eine klare Aussage.

Stellen Sie sich vor, Ihre Kollegin hat sich bereits einmal bei Ihnen beklagt, dass Sie sich so wenig Zeit für einen persönlichen Austausch nehmen würden. Sie haben versprochen, das zu ändern und meinten das auch so. Jetzt vertrösten Sie sie wieder, weil Sie viel zu tun haben. Es ist nur natürlich, dass so eine Situation Konflikte auslöst.

In solch einen Konflikt geraten Sie beispielsweise auch, wenn ein lästiger Verehrer für Sie oder Ihre Firma eine wichtige Rolle spielt und bei Laune gehalten werden soll.

Dass es Momente gibt, in denen es sinnvoll sein kann, die eigene Meinung nicht – zumindest nicht unverblümt – kundzutun, ist klar. Wenn weder Sie selbst noch die anderen davon profitieren und Sie stattdessen nur Repressalien und Nachteile erwarten, sollten Sie lieber darauf verzichten, sich klar und deutlich abzugrenzen. Es ist jedoch wichtig, dass die Entscheidung höflich und nicht ehrlich zu sein, bewusst getroffen wird. Nicht Angst oder peinliche Berührung, sondern ein wohl durchdachter Entschluss sollte dahinter stehen. Anderenfalls fühlen Sie sich nur unehrlich und feige – und Sie sind es letztendlich ja auch.

Wovor haben Sie Angst?

Stellen Sie sich vor, Sie würden in einer bestimmten Situation klar Ihre Meinung äußern. Was könnte schlimmstenfalls passieren? Wie sehen die Konsequenzen aus? Gehen Sie im Kopf ruhig alle Alternativen durch. Dabei werden Sie feststellen, dass die bisher diffuse Angst greifbarer und dadurch geringer wird. Aus Erfahrung wissen Sie auch, dass der schlimmste Fall aller Wahrscheinlichkeit nach nicht eintreten wird.

> **Die Vorstellung davon, was passieren könnte, wenn wir unsere Meinung sagen, ist meist viel schlimmer als das, was uns dann tatsächlich erwartet.**

Angst ist nichts als eine Fantasie über etwas, das noch nicht eingetreten ist. Wenn Sie Ihre Energie in Angst investieren, bleibt weniger Energie für das Handeln.

Es lohnt sich fast immer, über den eigenen Schatten zu springen und die eigene Meinung zu sagen. Natürlich besteht das Risiko, vielleicht erst einmal weniger gern gemocht zu werden. Doch im Gegenzug haben Sie sich nicht verbogen und bekommen das, was Sie wirklich wollen.

Probieren Sie es einfach aus. Sagen Sie zur Kollegin: »Ich weiß, ich habe dir versprochen, mehr über private Dinge mit dir zu reden. Doch heute muss ich dich leider noch einmal vertrösten, weil ich so viel abzuarbeiten habe. Ich komme morgen bei dir vorbei.« Oder: »Ich freue mich, dass du mir über deinen Urlaub so viel erzählst und es interessiert mich auch. Nur heute habe ich eine ganze Menge zu tun. Könntest du mir vielleicht schnell das Wichtigste erzählen?«

Ehrlich auf unangenehme Annäherungsversuche zu reagieren, ist schon etwas schwieriger und kostet wahrscheinlich große Überwindung. Besonders heikel wird es, wenn Sie es sich nicht leisten können, den Verehrer zu vergraulen. Eine mögliche Reaktion wäre: »Mein Eindruck ist, Sie möchten mir etwas näher kommen. Mir ist das unangenehm. Gibt es eine Möglichkeit, dass wir trotzdem gut miteinander auskommen?«

All diese Antworten haben eines gemeinsam: Sie berücksichtigen sowohl die eigenen Bedürfnisse als auch die Bedürfnisse des Gegenübers.

Es ist also ein wertschätzender Umgang mit sich selbst und den anderen. Wenn Sie so vorgehen, haben Sie die besten Chancen, das zu bekommen, was Sie wollen. Sie sind ehrlich und trotzdem höflich, und Sie verletzen niemanden.

In einer Teambesprechung dagegen geht es darum, sich zum eigenen (Rede-)Recht zu verhelfen. Es ist also nur legitim, erst einmal ausschließlich an sich selbst zu denken. Machen Sie sich klar, dass Sie ein Recht darauf haben, angehört zu werden. Formulieren Sie einen Satz, in dem Sie Ihren Unmut über die Unterbrechung zum Ausdruck bringen, und äußern Sie den Wunsch, Ihr Anliegen bis zum Ende vortragen zu wollen. Vertreten Sie Ihr Statement mit gerader Körperhaltung und kräftiger Stimme. Wenn das nicht genügt, stehen Sie auf oder schlagen (zumindest innerlich) mit der Faust auf den Tisch! Spielen Sie die Situation vorher zu Hause einige Male durch – am besten mit Publikum. Lassen Sie sich von Ihren FreundInnen und Bekannten beraten, welche Methoden bei Ihnen am ehesten zum gewünschten Erfolg führen. Damit sind Sie bestens vorbereitet und werden sich bei der nächsten Teambesprechung besser wehren.

Stehen Sie zu sich selbst!

Die vorangegangenen Beispiele haben gezeigt, wie Sie sich selbst und ihren Wünschen treu bleiben können. Es ist gar nicht so schwer, dennoch vermeiden es viele Frauen, klar und deutlich Stellung zu beziehen. Bitte nehmen Sie sich die Zeit, die folgenden Übungen zu machen. Sie werden die wohltuende Wirkung erleben, die sich einstellt, wenn Sie endlich die unnötige Höflichkeit abgestellt haben – so wie bei Cora Hübsch. Sie hat ihre Gefühle endlich ausgesprochen: »Puh, jetzt war's raus. Ich glaube nicht, dass ich jemals in meinem Leben so ehrlich gewesen bin. Fühlt sich gar nicht schlecht an. Weil, wenn man ehrlich ist, braucht man keine Angst zu haben, bei irgendwas erwischt zu werden. Das ist so, als würde man den Bauch nicht einziehen. Eine ganz neue Erfahrung für mich. Irgendwie gut.«

> Es ist oft gar nicht so einfach, herauszufinden, was uns daran hindert, klar Stellung zu beziehen. Dann kann es helfen, Gedanken und Ideen aufzuschreiben und das Problem auf diese Weise zu visualisieren.

Übungen

Schreiben Sie drei Situationen auf, in denen es Ihnen gelungen ist, ehrlich zu sagen, was Sie wollen:

. . . .

. . . .

. . . .

und klopfen Sie sich auf die Schulter!!!

Schreiben Sie drei Situationen auf, in denen Sie zwar höflich, aber nicht ehrlich waren (und es gerne gewesen wären):

. . . .

. . . .

. . . .

. . . .

> Reflektieren und sich fragen, warum so gehandelt wurde, ist der erste und wichtigste Schritt.

Schreiben Sie auch auf, was Sie daran gehindert hat, ehrlich zu sein:

. . . .

. . . .

. . . .

. . . .

Wie möchten Sie in Zukunft in einer verfänglichen Situation reagieren?

. . . .

. . . .

. . . .

. . . .

Was nehmen Sie als Indiz für persönlichen Erfolg?

. . . .

. . . .

. . . .

. . . .

Reflektieren Sie, welche Rolle Sie bei Macht-Spielen einnehmen. Wie sehen Ihre Handlungsalternativen aus?

Es gibt Situationen, die sich im Leben stets wiederholen. Gerade dann ist es umso wichtiger, zu beobachten, warum Sie bestimmte (Macht-) Spiele mitspielen. Überlegen Sie sich Handlungsalternativen! Aber haben Sie Geduld mit sich selbst. PsychologInnen haben herausgefunden, dass wir durchschnittlich 27-mal üben müssen, ehe alte Programmierungen aufgelöst werden und Platz für Neues entsteht.

Probieren Sie es aus! Mehr als schiefgehen kann es nicht. In diesem Fall versuchen Sie es – in veränderter Form – eben noch einmal.

Suchen Sie sich ein Vorbild!

Wie gefallen Ihnen eigentlich die neuen Fernsehkommissarinnen? Was halten Sie von Bella Block, Rosa Roth und Lena Odenthal? Sind das nicht Frauen, die zur Sache kommen und klar ihre Position behaupten? Und was denken Sie von den Märchenprinzessinnen für unsere Kleinen? Als Mutter einer Tochter weiß ich Geschichten zu schätzen, in denen Mädchen sagen, was sie wollen, anstatt passiv auf den Märchenprinzen zu warten. Gönnen Sie sich den Spaß und lesen Sie mal »Prinzessin Pfiffigunde«, »Prinzessin Isabella« oder »Die Tütenprinzessin«.

Erfolgreiche Frauen haben klare Ziele

Es gibt Politikerinnen, Journalistinnen, Buchautorinnen und andere gesellschaftspolitisch und sozial engagierte Frauen, die mutig und lautstark Missstände anklagen und sich für mehr Gerechtigkeit einsetzen. Es gibt einige Frauen, die in Wirtschaft und Wissenschaft die obersten Hierarchiestufen erklommen haben. Hätten sie dies geschafft, wenn sie nicht klar ihre Ziele verfolgt, mit selbstsicherem Auftreten ihre Ideen verkündet und Klartext geredet hätten?

Doch diese Frauen sind leider immer noch die Ausnahme. Deutschland ist, was die Zahl weiblicher Führungskräfte betrifft, ein Schlusslicht in Europa, so das Ergebnis der Internationalen Frauenkonferenz 2002. In mittleren Führungspositionen arbeiten zehn Prozent Frauen, im Topmanagement gar nur vier Prozent.

Doch erfolgreiche selbstständige Frauen gibt es sehr viel mehr. Haben Sie gewusst, dass im Vergleich zu den von Männern gegründeten Unternehmen, die von Frauen ins Leben gerufenen seltener Pleite gehen? Wäre das möglich, wenn Frauen nicht klar ihre Ziele verfolgen würden? Auf alle Fälle lohnt es sich, zu überlegen, wer Klartext redet und Ihnen damit imponiert. Je genauer Sie definieren können, wen und was Sie gut finden und vor allem warum Sie davon beeindruckt sind, desto besser wissen Sie, in welche Richtung Sie sich selbst entwickeln möchten. Schauen Sie sich unter den fiktiven Figuren aus dem Fernsehen und der Literatur um. Welche Protagonistin könnte Ihnen ein Vorbild sein. Wie sieht es aus mit den Biographien von Frauen aus Politik, Wirtschaft, Kunst und Kultur?

Meine liebsten Klartext-Frauen sind die Fernsehkommissarin Bella Block und die Buchautorin und Emma-Herausgeberin Alice Schwarzer. Welche Vorbilder haben Sie?

Schreiben Sie sich hier die Namen all der Frauen auf, deren klare Sprache Sie beeindruckt:

Fernseh- oder Kinofigur: . . . .

Romanheldin: . . . .

Politikerin: . . . .

Managerin: . . . .

Autorin: . . . .

Künstlerin: . . . .

sonstige (z.B. Ihre Nachbarin, eine Bekannte, ...) . . . .

. . . .

Typisch Frau!

Die Sprache ist ein Abbild dessen, wer wir sind. Sie spiegelt die Kultur, Geschichte und die ethischen Prinzipien, die uns geprägt haben, wider. Sprache drückt unsere Gefühlswelt, unsere Lebenseinstellung und unseren Standpunkt aus.

All dies hat einen Einfluss darauf, ob, wann und wo wir Klartext reden wollen und können. Dabei spielen Rollenbilder und eingeprägte Verhaltens- und Beziehungsmuster eine wichtige Rolle. Tief im Unterbewusstsein verankerte Werte, Normen und Gewohnheiten beeinflussen unser Denken und damit auch unsere Sprache. Sie stärken und befähigen uns zu vielem, können uns jedoch auch hemmen.

Oft bleiben diese inneren Hemmungen und Ängste jedoch unerkannt – und selbst wenn sie uns bewusst werden, lassen sie sich nicht so leicht abschütteln.

Rollenbilder werden bereits in der Kindheit geprägt. Doch es liegt an Ihnen selbst, ob Sie die Ihnen zugewiesene Rolle weiter erfüllen möchten oder neue Wege gehen.

Weibliche Stärken

Da Frauen seit jeher weniger dazu angehalten wurden, klar und deutlich ihre Meinung zu sagen und diese zu verteidigen, sind sie häufiger gehemmt als Männer.

Frauen fühlen sich vor einem größeren Publikum in der Regel weniger sicher als Männer, die seltener ein Problem damit haben, vor größerem Publikum zu referieren. Männer haben es eher gelernt, sich selbst darzustellen, ihre Themen kundzutun und vor allem diese wirksam vor anderen zu vertreten.

Frauen dagegen können viele andere Dinge besser. Beispielsweise können sie sich zugunsten anderer besser zurücknehmen – eine wichtige soziale Fähigkeit. Bei Gesprächen sind sie kooperativer und können sich häufig differenzierter ausdrücken, zum Beispiel in den sozialen und zwischenmenschlichen Bereichen.

Was hindert Frauen daran, Klartext zu reden?

Natürlich entsprechen nicht alle Menschen den typischen Rollenklischees. Es gibt Frauen, die eher »männlich« wirken und Männer mit »weiblichen« Wesenszügen. Doch im allgemeinen sind Frauen und Männer eben unterschiedlich und lassen sich daher in Geschlechtstypologien einordnen.

Frauen treten seltener klar für ihre eigenen Bedürfnisse ein als Männer,

- weil ein klarer Sprachstil von Frauen in der Gesellschaft negativ bewertet wird
- weil Frauen, die Klartext reden, der Wind schärfer um die Nase weht
- weil Frauen früher in der Öffentlichkeit kaum Gelegenheit hatten, Klartext zu reden
- weil Frauen, wenn es um ihre eigenen Bedürfnisse geht, indirekter sprechen
- weil Frauen andere Gehirnstrukturen haben
- weil Frauen Redebeiträge und Gespräche kooperativ und nicht kompetitiv gestalten
- weil Frauen es gerne allen recht machen wollen

> **Weiblicher Sprachstil und weibliches Gesprächsverhalten werden oft negativ bewertet, obwohl Frauen meist besser kommunizieren können als Männer.**

Frauen verfügen über mehr kommunikative Fähigkeiten als Männer. Mädchen können im Allgemeinen früher sprechen als Jungen. Frauen haben im Durchschnitt ein wesentlich größeres Vokabular zur Verfügung als Männer. Sie sind in fast allen Bereichen, in denen Sprachgefühl und Kommunikation gefordert sind, wie etwa im Umgang mit Fremdsprachen oder in sozialen Berufen, stärker vertreten als Männer. Zahlreiche Studien belegen, was wir aus Erfahrung schon lange wissen: Frauen zeigen sich im Gespräch kooperativer und kompromissbereiter. Diese Fähigkeit ist vor allem in Führungspositionen gefragt, um MitarbeiterInnen zu motivieren und anzuleiten. Dennoch werden Sprachstil und Gesprächsverhalten von Frauen gesellschaftlich negativ bewertet.

Das belegen die Klischees der Tratschtante oder des Klatschweibs. Sogar Sprichwörter wie »Ein Mann ein Wort, eine Frau ein Wörterbuch« spiegeln das negative Bild der viel redenden und dennoch nichts sagenden Frau wider.

Auch beruflich profitieren Frauen selten von ihrer sprachlichen und sozialen Kompetenz. Vielmehr werden Männer jetzt verstärkt in sozialer Kompetenz und kooperativer Gesprächsführung geschult. Immerhin!

Wagen Sie, Klartext zu reden!

Wenn Frauen auf den Punkt kommen, »Tacheles« reden, und auch die unangenehmen Dinge aussprechen, dann werden sie gerne als »Hexe«, als »die mit den Haaren auf den Zähnen« oder als »Karrierefrau« beschimpft. Frauen, die zu sich stehen und Klartext reden, weht der Wind schärfer um die Nase. Nicht jede will oder kann das ertragen. Deshalb gibt es Forschungsansätze, die nicht nach den Mitteln fragen, die Frauen einsetzen, um Erfolg zu haben, sondern nach den Strategien, mit denen sie diesen Erfolg verhindern.

Eine Frau, die sich gegen eine berufliche Karriere entschieden hat, wirkt hilfsbedürftiger und wird stärker unterstützt. Karrierefrauen, so schreibt Sabine Asgodom in ihrem Bestseller »Erfolg ist sexy«, gelten dagegen als »hart, kalt, gefühllos, unerotisch, unattraktiv und unbemannt«. Welcher Mann hat schon Lust darauf, eine selbstbewusste, souveräne und erfolgreiche Frau zu fördern? Die meisten Männer fühlen sich tatsächlich bei »schwachen« Frauen wohler.

Wenn Frauen klare Worte sprechen, wird das seltener wahrgenommen – und auch weniger ernst genommen – als bei Männern. Sicherlich haben auch Sie bereits die leidvolle Erfahrung gemacht, dass ein Mann mehr Aufmerksamkeit in einer Diskussion erhalten hat als eine Frau. Die Tatsache, dass er ihre Idee nur noch einmal mit anderen Worten wiederholte, änderte nichts daran, dass er und nicht sie das Lob einkassierte. Auch bei Bewerbungsgesprächen fällt die Wahl oftmals auf

> Der Begriff »Karrierefrau« ist nicht nur positiv besetzt. Viele Menschen assoziieren damit negative Charaktereigenschaften wie Machthunger.

Frauen, die deutlich ihre Meinung sagen, werden von Vertreterinnen ihres Geschlechts oft ebenso heftig angegriffen wie von Männern.

einen Mann, obwohl die Mitbewerberin mindestens genauso kompetent, selbstsicher und souverän aufgetreten ist.

Ein Grund dafür: Wenn Frauen und Männer das Gleiche tun, ist es noch lange nicht dasselbe. Wenn Männer und Frauen die gleichen Kompetenzen haben, werden seine in der Regel höher bewertet und seinen Ausführungen wird mehr Gewicht beigemessen. Aber nicht nur Männer, auch Frauen bewerten andere Frauen schlechter als Männer. Frauen wachsen eben auch in einer von Männern dominierten Gesellschaft auf und sind daher meist genauso auf Männer fixiert.

Frauen sprechen indirekter

Männer sprechen ebenso wie Frauen oft indirekt. In vielen Bereichen überschneidet sich die Sprache der Männer mit der von Frauen, in anderen unterscheidet sie sich. Männer haben es eher gelernt, stark, kompetent und selbstsicher aufzutreten. Sie sprechen daher häufig in solchen Situationen indirekt, in denen sie durch direkte Formulierungen unselbstständig oder gar feige wirken könnten. Frauen dagegen haben gelernt, sich sozial, rücksichtsvoll und bescheiden zu zeigen. Daher sprechen sie, wenn es um die Benennung ihrer eigenen Wünsche und Bedürfnisse geht, indirekt und weniger zielgerichtet. Da Frauen meist dazu erzogen wurden, auf die Bedürfnisse anderer zu achten, verstehen sie indirekte Aussagen besser als Männer. Frauen färben schön, verniedlichen und verschleiern ihre Aussagen, um nicht die volle Verantwortung für ihre Worte tragen zu müssen. Sie sagen: »Könnten wir vielleicht mal …?«, »Wäre es nicht, falls ihr nichts dagegen habt, einigermaßen sinnvoll, wenn …?«, »Es war ja nicht so gemeint. Es ist doch nett, dass …«. Darüber hinaus tendieren Frauen dazu, jedes »Wenn und Aber« zu integrieren und so sämtliche mögliche Fragen und Gegenargumente in ihre Aussage mit einzubeziehen. Diese Angewohnheit verwirrt eher, als dass sie zur verständlichen Kommunikation beiträgt.

Noch unsere Mütter und Großmütter wurden dazu angehalten, die Dinge nicht beim Namen zu nennen, sondern über indirektes Verhalten – sozusagen über Schleichwege – ans Ziel zu kommen. Das setzte Geschicklichkeit, Kreativität und strategisches Vorgehen voraus. Je diplomatischer sich die Frauen dieser Generationen zeigten, desto bessere Chancen hatten sie, das zu bekommen, was sie wollten.

Heute führt Indirektheit und damit auch Unklarheit immer seltener zum erstrebten Erfolg. Zumindest im Beruf wird von Ihnen erwartet, dass Sie präzise auf den Punkt kommen können.

Frauensprache – Männersprache

Deborah Tannen, amerikanische Sprachwissenschaftlerin und Bestsellerautorin, hat in ihrem bahnbrechenden Buch »Du kannst mich einfach nicht verstehen. Warum Frauen und Männer aneinander vorbeireden« eine typische Situation geschildert, die deutlich macht, wie indirektes Sprachverhalten funktioniert:

Ein Ehepaar fährt mit dem Auto in den Urlaub. Er sitzt am Steuer. Nach einer Weile fragt sie ihn: »Möchtest du nicht mal eine Pause machen?« Darauf antwortet er mit »Nein«. Die Folge: Sie ist enttäuscht; er weiß nicht, warum.

Was ist passiert? Sie wollte eine Pause machen, hat ihre Bedürfnisse jedoch nicht formuliert. Sie hat gehofft, er würde so höflich sein, zu fragen, ob sie eine Pause machen wolle. Auf diese Idee ist er aber gar nicht gekommen, da er ausschließlich den Inhalt der Frage gehört hat oder hören wollte und nicht die indirekte Botschaft, die dahinter stand. Sie hätte ihm schon konkret sagen müssen: »Ich möchte eine Pause machen. Bitte halte an der nächsten Raststätte an.«

Dieses Verhalten ist für beide geschlechtstypisch. Frauen sprechen, wenn es um ihre Bedürfnisse und Wünsche geht, in der Regel indirekt, Männer hingegen direkt. Frauen verstehen auch angedeutete, versteckte und indirekte Botschaften, Männer nur das, was ihnen direkt und unmittelbar gesagt wird.

> **Im sprachlichen Geschlechterkampf ziehen Frauen in der Regel den Kürzeren: Sie werden nicht gehört und nicht verstanden.**

Folgen unserer Erziehung

Das wirft die Frage auf, warum Frauen nicht einfach Klartext mit Männern reden, wenn sie doch wissen, dass Männer diese indirekten Formulierungen nicht verstehen?

Vielen Frauen wurde es im Laufe ihres Lebens abgewöhnt, klare Aussagen zu treffen. Kinder sprechen noch direkt aus, was sie denken und wollen. Sie sagen auch unangenehme und taktlose Dinge wie »Guck mal, ist der aber fett« oder »Oma hat gesagt, du hättest eh keine Ahnung«. Es ist selbstverständlich richtig, dass wir es gelernt haben, solche Taktlosigkeiten zu vermeiden. Leider haben wir es aber auch gelernt, uns höflich und angepasst zu geben – selbst in Situationen, in denen es sinnvoll wäre, zu kämpfen und für unsere Position einzutreten. Manchmal wäre es wünschenswert, in unserer Gesellschaft mehr Zivilcourage und mehr Mut anzutreffen. Jede kennt wahrscheinlich die folgende Situation: Eine junge Frau wird in der Straßenbahn von einem Mann bedrängt und kann sich offensichtlich selbst nicht wehren. Die Fahrgäste schauen betreten, doch niemand greift ein. Endlich ruft jemand: »Hey, lassen Sie die Frau in Ruhe.« Alle atmen erleichtert auf.

> Hören Sie im Alltag einmal genau hin. Welche Aussagen empfinden Sie als indirekt, welche als direkt? Finden Sie unmittelbare Zusammenhänge zwischen Direktheit und Klarheit?

> Es ist gut, direkt sprechen zu können. Es ist gut, indirekte Aussagen interpretieren zu können. Doch jede Frau sollte sich selbst klar darüber werden, in welchen Situationen welche Sprache angemessen ist.

Frauen denken ganzheitlicher

Die Gehirnstrukturen von Frauen und Männern unterscheiden sich stark voneinander. Barbara und Allan Pease legen in ihrem Buch »Warum Männer nicht zuhören und Frauen schlecht einparken. Ganz natürliche Erklärungen für eigentlich unerklärliche Schwächen« dar, dass die »indirekte Ausdrucksweise Teil der weiblichen Gehirnstruktur ist«.

Eine Erklärung, inwieweit dies wissenschaftlich nachweisbar ist, bleiben sie uns jedoch schuldig. Allerdings zeigen verschiedene Ergebnisse der Gehirnforschung, dass das weibliche und das männliche Gehirn tatsächlich unterschiedliche Strukturen aufweisen. Beispielsweise ist heute bekannt, dass Frauen ihre rechte Gehirnhälfte, die für Kreativität und Spontanität, für emotionale Intelligenz und intuitives Denken steht, mehr nutzen als Männer. Dagegen denken Männer im Vergleich zu Frauen linearer, strukturierter, rationaler und analytischer, setzen also die linke Gehirnhälfte stärker ein.

Frauen sind eher als Männer dazu in der Lage, zur richtigen Zeit die richtigen Worte zu finden.

Es ist auch bekannt, dass der Balken, der die beiden Gehirnhälften miteinander verbindet, bei Frauen stärker ausgeprägt ist als bei Männern. Das bedeutet, dass die beiden Gehirnhälften besser vernetzt sind und Frauen ganzheitlicher denken können. Auch diejenigen Gehirnpartien, die für die Sprache zuständig sind, unterscheiden sich bei beiden Geschlechtern – ja, sie sitzen sogar an unterschiedlichen Stellen. Bei Frauen sollen sie jedoch stärker entwickelt sein. Die Gehirnforschung hat noch einmal bestätigt: Frauen sind im Durchschnitt in allen Bereichen, die mit Kommunikation zu tun haben, begabter als Männer. Insofern müssten Frauen neben der Fähigkeit zum kooperativen Gesprächsstil eher als Männer in der Lage sein, sich deutlich, präzise und anschaulich auszudrücken.

Diesen vorhandenen genetischen Vorteilen stehen die gesellschaftlichen Normen und die sozialen und politischen Einflüsse gegenüber. Diese bestimmen unser Sprach- und Gesprächsverhalten in kritischen Situationen mehr als unsere intellektuellen Fähigkeiten.

Frauen gestalten Gespräche kooperativ

Männer reden häufig klar, handeln jedoch nicht danach. Sie argumentieren zwar laut und absolut, doch das ist – faktisch belegt – oft schlicht unwahr. Dieses absolute Auftreten und kompetitive Verhalten lehnen Frauen eher ab. Sie wettstreiten ungern laut und sichtbar, stellen sich weniger gern in den Mittelpunkt und vermeiden offene Konkurrenz. Frauen sorgen lieber für eine gute Gesprächsatmosphäre. Sie legen Wert darauf, dass weitgehend Gleichheit hergestellt wird und Statusunterschiede minimiert werden. Frauen ist es wichtig, dass die Stimmung und die Atmosphäre angenehm sind. Frauen unterhalten sich nicht nur, weil sie Informationen austauschen wollen, sondern vor allem um ihre Beziehungen zu pflegen und anderen etwas Gutes zu tun. Aus diesem Grund orientieren sich Frauen zu Beginn eines Gespräches: Sie finden heraus was die Meinungen, Ideen und Wünsche der anderen sind. Frauen sind darum bemüht, Nähe herzustellen und die Bedürfnisse aller im Blick zu behalten.

Sehen Sie dies als Chance und nutzen Sie Ihr Potenzial. Es ist eine große weibliche Stärke, durch Gespräche Wertschätzung und Zuwendung transportieren zu können. Achten Sie nur darauf, dass Sie sich auch behaupten können, wenn es die Situation verlangt.

Frauen wollen es gerne allen recht machen

»Man fordert nicht Wahrhaftigkeit von den Frauen, solange man sie in dem Glauben erzieht, ihr vornehmster Lebenszweck sei zu gefallen.« (Marie Ebner-Eschenbach)

Viele Frauen wollen es gerne allen recht machen. Harmonie und gute Beziehungen sind ihnen wichtig. Sie legen im Beruf mehr Wert auf eine kollegiale Betriebsatmosphäre, während Männer eher an Machtpositionen interessiert sind. Frauen sitzen oft zwischen allen Stühlen, was sie unter großen Druck setzt und zu einer Mehrfachbelastung führt. Da ist beispielsweise im Betrieb ein Computer ausgefallen und Sie sollen sich um die Reparatur kümmern; eine Mitarbeiterin will noch ein Problem mit Ihnen besprechen. Gleichzeitig müssen Sie Ihren Sohn vom Kindergeburtstag abholen, bei einer Freundin noch etwas vorbeibringen und zu Hause steht auch einiges an. Im rasenden Tempo kriegen Sie das zwar irgendwie hin und trotzdem würden Sie es lieber auch noch gut hinkriegen.

Der »Will ich es allen recht machen?«-Test

Mit dem folgenden Test können Sie überprüfen, wie stark Sie dazu neigen, es anderen recht machen zu wollen. Beantworten Sie einfach alle 20 Fragen, ohne lange zu überlegen. Tragen Sie in die Kästchen folgende Punktzahlen ein:

- 5 Punkte für »trifft voll und ganz zu«
- 4 Punkte für »trifft oft zu«
- 3 Punkte für »trifft hin und wieder zu«
- 2 Punkte für »trifft selten zu«
- 1 Punkt für »trifft nie zu«

1. Ich fühle mich für das Wohlbefinden meiner Mitmenschen verantwortlich. ☐

2. Ich sage oft mehr, als eigentlich nötig wäre. ☐

3. Es ist mir wichtig, von den anderen gemocht zu werden. ☐

4. Ich sage oft »Ja«, obwohl ich viel lieber »Nein« sagen würde. ☐

5. Wenn ich den Eindruck habe, dass die anderen nicht meiner Meinung sein könnten, äußere ich meine Ansichten nicht. ☐

6. Wenn ich meine Meinung äußere, dann begründe ich sie ausführlich. ☐

7. Ich versuche meist herauszufinden, was andere von mir erwarten, um nicht bei ihnen anzuecken. ☐

8. Ich falle ungern auf. ☐

9. Es ist mir wichtig, von anderen zu erfahren, ob ich meine Sache gut gemacht habe. ☐

10. Ich stelle meine Bedürfnisse meistens zugunsten anderer Personen zurück. ☐

11. Es ist mir in der Regel unangenehm, andere Leute zu kritisieren. ☐

Versuchen Sie, alle Fragen möglichst spontan zu beantworten, um das Ergebnis nicht zu verfälschen.

12. Bei Diskussionen nicke ich häufig mit dem Kopf, auch wenn ich eigentlich nicht zustimme. ☐

13. Ich leite eine Absage gerne ein mit: »Wärst du mir arg böse, wenn …?« ☐

14. Ich sage eher: »Könnten Sie es nicht einmal versuchen?« statt »Versuchen Sie es einmal.« ☐

15. Ich lächele viel, auch wenn mir nicht danach ist. ☐

16. Ich bin diplomatisch. ☐

17. Wenn ich um etwas gebeten werde, sage ich ungern »Nein«. ☐

18. Ich verbringe Zeit mit Menschen, die ich gar nicht mag. ☐

19. Ich folge einer Einladung auch dann, wenn ich keine Lust dazu habe. ☐

20. Wenn ich eine Notlüge gebraucht habe, plagt mich das schlechte Gewissen. ☐

> Andere Menschen sind wie ein Spiegel. Sie reflektieren unser Verhalten und machen es so für uns selbst besser sichtbar.

Wozu dient dieser Test?

Der vorangegangene Test gibt Ihnen nur Anhaltspunkte, er »nagelt Sie nicht fest«. Schließlich kann das Ergebnis auch, je nach momentanem Befinden, variieren. Sie sollten diesen Test ruhig zu einem späteren Zeitpunkt wiederholen, und überprüfen, ob die Testergebnisse voneinander abweichen. Anhand der Fragen und der Auswertung lernen Sie auf alle Fälle, sich selbst besser einzuschätzen. Sie finden heraus, ob Sie gern anderen alles recht machen und die eigenen Wünsche eher hinten anstellen. Wer in erster Linie nach den Bedürfnissen der anderen schaut, wird weniger gut für sich selbst einstehen und weniger klar für sich sprechen können. Möglicherweise wird die- oder derjenige sogar Schwierigkeiten haben, eigene Wünsche und Ziele zu erkennen und zu benennen.

Falls Sie sehr wenige Punkte gesammelt haben, dann können Sie sehr gut auf sich selbst achten.

Testauswertung

20–45 Punkte:

Toll, wenn Sie nur sehr wenig Punkte haben: Sie treten gut für Ihre eigenen Interessen und Bedürfnisse ein.

Sie haben nicht den Anspruch, es allen recht zu machen. Vermutlich gehören Sie zu jenen, die durch ihre Direktheit eher anecken. Wahrscheinlich sprechen Sie vieles, was Sie denken, auch aus. Da passiert es schon mal, dass Sie andere überraschen oder verletzen. Überlegen Sie, wie Sie sich ausdrücken können, um den eigenen Standpunkt zu erläutern, dabei aber auch die Bedürfnisse des Gegenübers berücksichtigen. Bitte verzichten Sie aber trotz eines wertschätzenden Umgangs nicht auf eine klare und präzise Ausdrucksweise. Es hilft, sich selbst die Erlaubnis zu geben, die Dinge zu tun, die uns wichtig sind und diese zu ritualisieren. Dabei können Ihnen folgende Sätze helfen:

- Ich darf auf mich Acht geben.
- Ich darf ein offenes Ohr und Auge für meine Umgebung haben.
- Ich darf mich gut finden. Dazu brauche ich nicht perfekt zu sein.

46–75 Punkte:

Sie liegen in einem Bereich, in dem sich die meisten Frauen befinden. Es ist gut, die Bedürfnisse der anderen nicht aus den Augen zu verlieren. Jedoch sollten die eigenen auch nicht vernachlässigt werden. Jeder Mensch ist abhängig von positiven Rückmeldungen, denn Lob hebt das Selbstwertgefühl. Doch jede Frau verfügt auch über einen Erfahrungsschatz, der sie vom Urteil anderer unabhängiger macht.

Behalten Sie neben den Rückmeldungen Ihrer Mitmenschen auch Ihre eigenen Werte im Blick. Bleiben Sie sich selbst treu und machen Sie sich nicht zu abhängig vom Wohlwollen anderer. Messen Sie sich an Ihren eigenen Werten und Zielen.

Erlauben Sie sich, Dinge zu tun, die Ihnen wichtig sind und ritualisieren Sie diese. Dabei können Ihnen folgende Sätze helfen:

- Ich darf mich gut finden.
- Ich darf meine eigenen Ziele bestimmen und sie erreichen.
- Ich darf sagen, was ich will.

76–100 Punkte:

Sie neigen dazu, es allen recht machen zu wollen. Vielleicht werden Sie dadurch geliebt und gemocht, weil Sie so vielen gefällig sind. Doch Vorsicht: Womöglich verlieren Sie sich selbst dabei. Überlegen Sie: Ist das, was ich da tue, reif und erwachsen? Jede Frau kennt Phasen, in denen sie nicht mehr weiß, wo es lang geht, und in denen sie sich neu orientieren muss. Halten Sie inne, spüren Sie nach, gehen Sie spazieren, genießen Sie die Natur, entspannen Sie sich, hören Sie gute Musik und fragen Sie sich: Läuft mein Leben wirklich so ab, wie ich es möchte?

Nehmen Sie dann das Gefühl wahr, das sich bei den verschiedenen Gedanken einstellt. Das hilft, sich von äußeren Zwängen freizumachen und die innere Stimme wieder zu hören, die den Weg weisen kann.

Es hilft, sich selbst die Erlaubnis zu geben, die Dinge zu tun, die Ihnen wichtig sind. Dabei können Ihnen folgende Sätze helfen:

- Ich darf gut leben und Spaß haben.
- Ich darf meine eigenen Ziele haben und sie ausdrücken.
- Ich darf mich um mich selbst kümmern.

> Hören Sie ganz genau in sich hinein. Was sagt Ihnen Ihre innere Stimme? Sie weist Ihnen den Weg.

Der »Mach's allen recht!«-Antreiber

Teile des vorangegangenen Tests stammen aus Konzepten der Transaktionsanalyse (TA). Die TA ist eine Theorie der menschlichen Persönlichkeit und Verhaltensweisen. Ihre Modelle und Instrumente zielen auf konstruktive Veränderung und Entwicklung der Persönlichkeit und helfen uns zu verstehen, wie wir sind und welche Möglichkeiten wir haben, um unser psychisches Wohlbefinden zu verbessern. Bei diesem Test ging es um das Konzept der so genannten »Antreiber« und ganz speziell um den Antreiber: »Mach's allen recht!«. Neben diesem gibt es vier weitere Antreiber. Das sind:

»Sei perfekt!«,

»Streng Dich an!«,

»Sei stark!« und

»Beeile Dich!«

Alle Menschen haben Antreiber. Der Unterschied liegt im Einfluss, den sie auf unser Leben haben. Antreiber sind Strategien, die uns helfen, gut durch das Leben zu kommen. Sie leisten uns einen guten Dienst, solange sie uns nicht behindern oder blockieren. Wenn wir allerdings Antreiber verabsolutieren, sie also zwanghaft befolgen, dann wirken sie hemmend und einschränkend: »Wenn ich anderen nicht immer helfe, bin ich nichts wert.«, »Wenn mir die anderen nicht sagen, dass ich meine Sache gut gemacht habe, befürchte ich, schlechte Arbeit geleistet zu haben.«

Da Antreiber in ihrer Absolutheit nicht (immer) erfüllbar sind, verursachen sie innere Zerissenheit zwischen Anspruch und Realität.

Deshalb überprüfen Sie bitte immer wieder, ob das, was Sie tun und sagen, wirklich das ist, was Sie wollen oder ob Sie damit einem Ihrer inneren »Antreiber« dienen.

Die Voraussetzungen für eine klare Sprache

Wer sich selbst Ziele setzt und ein gutes Selbstwertgefühl besitzt, kann sich wesentlich leichter klar ausdrücken. Ohne Ziel gibt es keinen Plan und keinen klaren Standpunkt. Wenn Sie nicht wissen, wo Sie »hin reden« sollen, kann das Gespräch zwar unterhaltend und beziehungsfördernd sein, Klartext wurde aber nicht geredet. Aus diesem Grund soll jede Frau ihre Ziele genau definieren. Sich ein Ziel zu setzen und es zu erreichen ist auch ein wichtiger Faktor für ein positives Selbstwertgefühl. Ein gutes Selbstwertgefühl wiederum hilft, klar und ehrlich zu sprechen, dabei aber angemessen höflich zu bleiben.

Das folgende Beispiel von Martina soll Ihnen zeigen, wie wichtig klare Zielsetzungen und ein starkes Selbstwertgefühl sind.

> »Wer das Ziel kennt, kann entscheiden. Wer entscheidet, findet Ruhe. Wer Ruhe findet, ist sicher. Wer sicher ist, kann überlegen. Wer überlegt, kann verbessern.«
> (Konfuzius)

Die Erfolgsgeschichte von Martina

Martina arbeitet hauptamtlich in einer Krisenberatungsstelle, einer Initiative für Menschen in existenziellen Krisen und in Suizidgefahr. Martinas Aufgabe ist es, diese Menschen zu begleiten. Sie führt Gespräche mit ihnen, entwickelt mit ihnen Strategien zur Selbsthilfe und berät sie, wie sie mit Selbstmordgedanken umgehen können. Außerdem leitet Martina Schulungen, in denen sie Bewerberinnen und Bewerber für eine ehrenamtliche Mitarbeit in der Beratungsstelle trainiert.

Die 49-jährige Martina betreute in einem dieser Kurse die etwa gleichaltrige Gymnasiallehrerin Judith. Judith war, was die Menschen in schwierigen Lebenssituationen betraf, sehr engagiert, hatte aber auch eine äußerst kritische Haltung gegenüber den hauptamtlichen MitarbeiterInnen der Beratungsstelle. Sie kritisierte häufig Ablauf und Inhalt des Einführungskurses und irritierte dadurch die anderen. Andererseits reagierte sie aggressiv, wenn eine ihrer Aussagen oder ihr Verhalten infrage gestellt wurden, konnte also selbst keine Kritik vertragen.

Martina kam zu dem noch vagen Schluss, dass Judith als Mitarbeiterin im Verein und als Begleiterin für Menschen in Suizidgefahr ungeeignet war. Darüber hinaus mochte sie selbst nicht mit dieser Frau zusammenarbeiten, weil sie befürchtete, dass ihre Nörgeleien die Arbeitsatmosphäre vergiften könnten. Von den persönlichen Kränkungen, die Martina als Kursleiterin einstecken musste, einmal ganz abgesehen.

Da Martina für die Qualität der Vereinsarbeit verantwortlich war, musste sie mit Judith reden und ihr klarmachen, dass und warum sie Judith zu diesem Zeitpunkt nicht als Begleiterin für Suizidgefährdete vorschlagen mochte. Dieses Gespräch hatte Martina, als sie zu mir in die Beratung kam, noch nicht geführt. Warum? Zum einen befürchtete sie, Judith sehr zu kränken. Zum anderen wollte sie die anderen Kursmitglieder nicht gegen sich aufbringen, indem sie Judiths Mitarbeit ablehnte.

> »Der Weg, den du einschlägst, hängt in erster Linie davon ab, wohin du gehen willst.«
> (Lewis Caroll)

Martina befand sich in einer Zwickmühle. Sie wusste nicht, wie sie ihren Standpunkt äußern sollte, ohne gleichzeitig alle gegen sich aufzubringen und das Gefühl zu haben, sie sei Judith gegenüber ungerecht und unfair gewesen.

Inzwischen hat Martina das Gespräch geführt und ist froh darüber, dass sie sich dazu überwunden hat und sich von der erwarteten heftigen und verständnislosen Reaktion – die tatsächlich folgte – nicht abschrecken ließ. Sie ist glücklich, dass sie sich der Verantwortung in ihrem Job gestellt hat.

Bevor Martina das Gespräch führte, überlegte sie sich, welche Gründe sie bisher am Klartext sprechen gehindert haben und was ihre Ängste sind. Sie legte fest, welches Gesprächsziel sie erreichen will und welche Unterstützung sie benötigt. Martina gönnte sich Ruhephasen und sorgte für erfreuliche Erlebnisse. So fühlte sie sich ausgeglichener und es fiel ihr leichter, ihre Aufgabe mit einer positiven Einstellung zu betrachten. Sie nahm sich die Zeit, ihre Argumente und die möglichen Gegenargumente aufzuschreiben.

Damit schaffte sie die Voraussetzungen, um logisch argumentieren und eine wertschätzende, jedoch klare Sprache gebrauchen zu können.

Fünf Schritte zum klärenden Gespräch

Auf dem Weg zum klärenden Gespräch unternahm Martina folgende fünf Schritte:

Schritt 1

Martina hat analysiert, welche Gründe Sie bisher daran gehindert haben, mit Judith ein offenes, klärendes Gespräch zu führen. Sie stellte fest, dass sie Angst hatte:

- Judith zu kränken
- vor einer heftigen Auseinandersetzung mit Judith
- vor einem Konflikt mit den anderen Kursmitgliedern
- dass die zukünftigen MitarbeiterInnen aufgrund dieses Vorfalls verunsichert sein würden
- dass ihre Entscheidung von niemandem unterstützt würde

Bevor Sie ein klärendes Gespräch führen, sollten Sie sich gründlich darauf vorbereiten.

Schritt 2

Martina hat sich daraufhin überlegt, welche Ziele sie verfolgen wollte und welches davon ihr das wichtigste war. Martina hat für sich zwei Ziele definiert:

- **ein übergeordnetes Ziel,** nämlich qualitativ hochwertige Beratungsarbeit zu leisten und
- **ein untergeordnetes Ziel,** nämlich von den KursteilnehmerInnen akzeptiert und anerkannt zu werden

3. Schritt

Martina suchte nach Unterstützung und den passenden Rahmenbedingungen. Sie sprach mit ihren KollegInnen und einer externen Supervisorin. Auch privat wurde sie in dieser Zeit »moralisch« unterstützt.

Was die Rahmenbedingungen angeht, so musste geklärt werden, ob die Kündigung von Judith in Martinas Kompetenzbereich lag. Außerdem musste sie dafür sorgen, dass Judith nicht ihr Gesicht verlor. Das tat

Martina, indem sie das Gespräch ankündigte, Zeitpunkt und Ort für beide passten und die Inhalte vertraulich behandelt wurden.

4. Schritt

Zum Schluss stärkte Martina ihr Selbstwertgefühl. Dies tat sie, indem sie sich vergangene Erfolge nochmals vor Augen führte. Sie machte sich klar, dass Vorstand und Teammitglieder ihr diesen Job zutrauten und sich auf sie verließen. Sie hat in dieser Zeit gut für sich gesorgt, sich Zuspruch von FreundInnen und Bekannten geholt und Dinge getan, die ihr Spaß machen und sie entspannen.

5. Schritt

Schließlich musste Martina das Gespräch noch führen! Mehr dazu erfahren Sie auf Seite 115.

Ziele finden, setzen und bewerten – Ihre Checkliste

Ein Ziel zu haben, gibt Sicherheit. Das gilt bei kleinen wie bei großen Zielen. Wenn wir kein Ziel haben, neigen wir dazu, uns im Kreis zu bewegen oder im Kreis zu reden. Es gibt Bereiche im Leben, in denen es keine Rolle spielt, ob wir ein Ziel haben. Für Spiel und Entspannung ist die Ziellosigkeit sogar sehr wichtig. Doch um Klartext zu reden, ist ein Ziel unabdingbar.

»Für ein Schiff ohne Hafen ist kein Wind der richtige.«
(Lucius Annaeus Seneca)

Ziele festlegen

Wie aber finden Sie ihr Ziel? Wie definieren Sie es so, dass es sich auch umsetzen lässt? Was hilft Ihnen bei der Ziel- und Entscheidungsfindung? Auch wenn es nicht um die großen Lebensziele geht, eine klare Zielsetzung ist für die Vorbereitung auf ein Gespräch sehr wichtig. Eine Checkliste hilft Ihnen dabei:

- *Sie kennen Ihre Werte:* Gerechtigkeit? Ehrlichkeit? Demokratie? Glaube? Familie? An diesen Werten messen Sie alle weiteren Ziele.
- *Sie haben sich ein Ziel gesetzt.* Überprüfen Sie das Ziel auf seine Realisierbarkeit (siehe Seite 38).
- *Sie haben zwar ein Problem, aber noch kein Ziel.* Sie wissen noch nicht, was Sie tun sollen? Dann hilft Ihnen der Entscheidungsbogen auf Seite 39.
- *Sie haben noch kein Ziel oder keine Idee, wie Sie das Ziel umsetzen sollen.* In dem Fall sollten Sie in sich hineinhorchen. Versuchen Sie es doch einmal mit einer Übung zur Visionsbildung (siehe Seite 41).

Konkretisieren Sie Ihr Ziel!

Diese fünf Fragen helfen Ihnen dabei, sich mehr Klarheit darüber zu verschaffen, wie Ihr Ziel ganz konkret aussehen soll und wie Sie es am besten umsetzen:

- *Ist es realistisch?* Ein Ziel muss realistisch und erreichbar sein, sonst verlieren Sie bald den Mut und die Geduld. Wenn ein Ziel nicht realistisch ist, können Sie nicht die Kraft und das notwendige Engagement aufbringen, das Sie benötigen, um das Ziel zu erreichen.

Bevor Sie handeln, sollten Sie sich überlegen, was Sie erreichen wollen – und danach, wie Sie es erreichen wollen.

- *Ist es vorstellbar?* Ein realistisches Ziel können Sie sich leicht vorstellen. Wenn dies nicht gelingt, sollten Sie das Ziel ein zweites Mal auf seine Realisierbarkeit hin überprüfen.
- *Ist es konkret formuliert?* Vage Formulierungen wie: »Irgendwann werde ich irgendwie ...« führen garantiert ins Abseits. Formulieren Sie so konkret wie möglich.
- *Ist es positiv formuliert?* Kennen Sie auch die Situation: Sie wissen genau, was Sie nicht wollen. Deshalb können Sie aber längst noch nicht sagen, was Ihr Ziel ist. Nehmen Sie sich die Zeit und stellen Sie sich Fragen, bis Sie herausgefunden haben, was Ihr Ziel sein soll. Formulieren Sie nicht nur, was Sie nicht wollen, sondern immer

auch, was Sie wollen. Nur positiv formulierte Ziele verarbeitet das Unterbewusstsein so, dass Sie auf Erfolg programmiert werden.

- *Ist es terminiert?* Setzen Sie sich Zeitlimits. So haben Sie mit sich selbst eine Abmachung getroffen, die verbindlich ist. Damit haben Sie eine konkrete Zeitangabe und können sich innerlich darauf einstellen.

Entscheiden Sie sich!

Wenn wir die Qual der Wahl haben – »tu ich's oder tu ich's nicht?« – lassen wir uns gern zwischen Verstand und Gefühl hin und her reißen. Es ist jedoch falsch zu denken, wir müssten uns zwischen beiden entscheiden. Unser Gefühl ist das Ergebnis von Verstand und Intuition. Deshalb können Sie sich ruhig auf Ihr Gefühl verlassen.

Um innere Konflikte zu konkretisieren und klarzustellen, welche Faktoren für die eine oder die andere Sache stehen, können Sie den folgenden Entscheidungsbogen nutzen. Er hilft Ihnen, die zahlreichen Gedanken zu ordnen und in ein System zu bringen.

Wenn wir uns für das entscheiden, was unser Verstand sagt, obwohl wir dabei ein schlechtes Gefühl haben, werden wir unser Ziel nicht erreichen. Wenn wir dagegen eine gefühlsmäßige Entscheidung treffen und dabei die »vernünftigen« Zweifel außer acht lassen, klappt es.

Ihr Entscheidungsbogen

Stellen Sie sich folgende Situation vor: Eine Hausärztin hat bei einer Patientin Herzrhythmusstörungen diagnostiziert. Weitere Untersuchungsergebnisse eines Facharztes ergaben jedoch ein anderes Krankheitsbild: eine Schilddrüsenüberfunktion. Die Patientin ist nach dieser Fehldiagnose sehr enttäuscht von ihrer Ärztin. Sie hätte wissen müssen, dass die Patientin seit mehreren Jahren Schilddrüsenprobleme hatte und die Schmerzen auf eine Schilddrüsenüberfunktion statt auf Herzrhythmusstörungen zurückzuführen sind. Ihre erste Überlegung ist daher, sich eine andere Ärztin oder einen anderen Arzt zu suchen. Doch sie entscheidet sich, vorerst bei dieser Ärztin zu bleiben. Sie denkt nun darüber nach, ob sie ihrer Ärztin sagen soll, wie enttäuscht sie von ihr ist – oder nicht.

Um diesen inneren Konflikt zu lösen, unterteilt sie ein Blatt Papier in zwei Spalten. Über die linke Spalte schreibt sie »Soll ich es ihr sagen?«, über die rechte »Soll ich es ihr nicht sagen?« Jede Spalte unterteilt sie nochmals nach Pro und Kontra: »Was spricht dafür?« und »Was spricht dagegen?« Nun notiert sie unter den jeweiligen Spalten alle Argumente, Befürchtungen und Beweggründe, die für oder gegen ein klärendes Gespräch sprechen.

> »Ein klar definiertes Ziel ist der erste Schritt auf dem Weg zum Erfolg!«
> (Anonymus)

Soll ich es ihr sagen?		Soll ich es ihr nicht sagen?	
Pro	*Kontra*	*Pro*	*Kontra*
Die Chance, meine Enttäuschung bei der richtigen Stelle loszuwerden. Die Chance, zu erfahren, was schief gelaufen ist. Die Chance, mein verlorenes Vertrauen zu ihr wieder herzustellen.	Möglicherweise nimmt sie mir meine Kritik übel und greift mich an. Die Beziehung könnte nachhaltig gestört werden.	Ich muss mir keine Mühe machen. Ich muss mich nicht überwinden. Ich erspare mir eventuellen Ärger	Sie sieht das Ergebnis und weiß ja dann, das sie einen Fehler gemacht hat. Vielleicht ist ihr das peinlich und Sie lässt es mich spüren. Wir haben keine Chance, die Angelegenheit zu bereinigen. Mein Vertrauen in ihre Kompetenz wird nachhaltig beeinträchtigt sein.

Anschließend bewertet die verunsicherte Patientin jeden Aspekt nach einem Punktesystem mit der Skala 1–5: 1 Punkt für »Erscheint mir eher unwichtig« und 5 Punkte für »Ist mir sehr wichtig«. Nun muss sie nur noch die Punkte innerhalb der Spalten zusammen zählen. Das Ergebnis zeigt, was ihr am wichtigsten ist.

Wägen Sie ab!

Wenn Sie ein Problem mithilfe einer Pro-Kontra-Liste lösen wollen, sollten Sie nach der Punktvergabe mindestens einen Tag vergehen lassen. Das Unterbewusstsein wägt in dieser Zeit nochmals das Ergebnis ab. Falls die Entscheidung für Sie richtig war, wird sich ein erleichtertes Gefühl bei Ihnen einstellen. Sollte dies nicht der Fall sein, fragen Sie sich: Steht Ihr Ziel im Widerspruch zu Ihren Werten? War das Ziel konkret genug formuliert? Probieren Sie es dann noch einmal mit dem Entscheidungsbogen.

Sagt Ihr Gefühl dagegen »Ja!«, dann haben Sie die richtige Entscheidung getroffen!

Visionsbildung – eine (ent)spannende Reise

Manchmal wissen wir noch nicht, was wir wollen oder wie wir etwas umsetzen könnten. In diesem Fall hat sich folgende Meditationsübung bewährt. Diese hilft, eine Vision zu entwickeln, ein Ziel zu definieren oder kreative Lösungen zu entdecken.

Reise durch den Körper

Setzen Sie sich bequem auf einen Stuhl oder einen Hocker und schließen Sie die Augen. Achten Sie darauf, dass Ihr Rücken ganz gerade ist. Die Hände liegen auf den Oberschenkeln. Schließen Sie die Augen. Nehmen Sie sich mindestens zehn Minuten Zeit. Bereiten Sie sich nun auf die »Reise« vor: Nehmen Sie Ihren Körper von Kopf bis Fuß wahr. Beginnen Sie bei den Fußsohlen. Sie registrieren, wie sie Halt auf dem Boden haben. Wandern Sie dann mit Ihren Gedanken über die Fußge-

»Ich ermutige die Menschen, kühn zu träumen, Visionen zu entwickeln.«
(Jack Welch, Chef von General Electric)

lenke, Waden, Knie zu den Oberschenkeln bis hin zum Becken. Konzentrieren Sie sich darauf, wie Sie sitzen und fühlen Sie, wie der Stuhl Sie trägt. Wandern Sie in Gedanken den Rücken hoch, Wirbel für Wirbel. Weiter über den Hinterkopf zur Stirn. Ist ihre Stirn gerunzelt? Entspannen Sie sie.

Konzentrieren Sie sich auf Ihr Gesicht: Glätten Sie die Stirn, lockern Sie Ihre Lippen. Wandern Sie nun weiter über den Hals zu den Schultern. Die Arme sollen entspannt herabhängen. Wenden Sie sich als nächstes Ihrer Atmung zu. Atmen Sie ruhig ein und aus. Bei jedem Ausatmen visualisieren Sie, wie Sie alles, was Sie belastet, mit ausatmen. Stellen Sie sich vor, mit jedem Einatmen neue Energie aufzunehmen.

Ideen visualisieren

Lassen Sie nun die Bilder kommen, die Ihnen zu Ihrer Frage einfallen. Schließen Sie dabei auch unangenehme Szenen nicht aus, sondern lassen Sie diese Gedanken einfach wie Wolken vorüberziehen. Das schafft Platz für positive Bilder und Gefühle. Nehmen Sie sich Zeit, sowohl die Bilder als auch die Gefühle wahrzunehmen. Wo befinden Sie sich? Welche Geräusche hören Sie? Was riechen Sie? Was umgibt Sie? Wer ist noch dabei? Vielleicht sehen Sie sich als Geschäftsreisende durch die Welt jetten oder Sie sehen, wie Sie Ihren Job kündigen und sind optimistisch, bald etwas Neues zu finden. Verweilen Sie bei jedem Bild ein wenig, besonders wenn Sie positive Visionen haben.

Schreiben Sie die »Ergebnisse« Ihrer inneren Reise auf, um die Bilder nicht gleich wieder aus den Augen zu verlieren.

Die Reise beenden

Wenn Sie schließlich von Ihrer inneren Reise zurückkehren wollen, öffnen Sie die Augen, bewegen Sie langsam Arme und Beine, strecken und recken Sie Ihren ganzen Körper.

Greifen Sie nun zum Stift und schreiben Sie alles auf, was Sie bei Ihrer Vision gesehen haben. Achten Sie dabei besonders auf die Details. Schreiben Sie nicht nur das Geschehen auf, sondern vor allem das, was Sie mit Ihren Sinnen wahrgenommen haben.

Das 10-Punkte-Stärkungsprogramm

Eine wichtige Voraussetzung, um die eigenen Wünsche, Ideen und Ziele ernst zu nehmen und zu verfolgen, ist ein solides Selbstwertgefühl. Unser Selbstwertgefühl setzt sich zusammen aus:

■ Zielfindung und deren Umsetzung

■ Leben in Übereinstimmung mit unseren Werten

■ Erfolgserlebnissen

■ Selbstverantwortung

■ Positiven Erfahrungen in der Kindheit

■ Zuwendung von anderen

■ Gesellschaftlicher Wertschätzung

■ Selbstvertrauen

■ Selbstakzeptanz und Selbstliebe

> »Niemand kann dich ohne dein Einverständnis dahinbringen, dich minderwertig zu fühlen.«
> (Eleanor Roosevelt)

Für unser Leben sind wir selbst verantwortlich. Es ist unsere Entscheidung, ob wir glücklich oder unglücklich, zufrieden oder unzufrieden sind. Es ist eine Frage der inneren Einstellung. Es liegt immer an uns selbst, was wir aus einer Situation machen. Auch wenn wir in der Kindheit überwiegend negative Erfahrungen gemacht haben und nur wenig Zuwendung von anderen erhielten, kommt es doch darauf an, was wir heute aus unserem Leben machen.

Stärken Sie Ihr Selbstwertgefühl

Mit einem gesunden Selbstwertgefühl gewinnen Sie auch mehr Selbstsicherheit. Diese bedingt Ihre Ausstrahlung und Ihr Auftreten. Selbstsicherheit erwächst u. a. aus folgenden Erkenntnissen:

■ Ich weiß, was ich kann.

■ Ich weiß, welche Stärken ich habe.

■ Ich weiß, was ich will.

■ Ich weiß, wer ich bin.

■ Ich weiß, wie ich auf andere wirke.

■ Ich weiß, ich bin o. k.

Selbstwertgefühl und Selbstsicherheit zeigen sich:
- in meinem klaren und souveränen Auftreten und meiner kräftigen Stimme
- in der Verantwortung, die ich für mich, für andere und für übernommene Aufgaben trage
- darin, dass ich mich kenne und zu mir stehe
- darin, dass ich Fehler zugeben und konstruktive Kritik annehmen kann
- in einer größeren Ruhe und Gelassenheit
- darin, dass ich mich direkt und klar äußern kann

Die zehn Schritte

Nehmen Sie sich die Zeit und beschäftigen Sie sich mit den folgenden Punkten. Nachdem Sie sich näher mit diesen Fragen und Anregungen auseinander gesetzt haben, werden Sie mehr über sich selbst und Ihre Persönlichkeit wissen. Bedenken Sie: Nur wer sich kennt, kann ein starkes Selbstwertgefühl haben.

1. Was sind Ihre Stärken?
Seien Sie sich ihrer Stärken und Fähigkeiten bewusst.
Halten Sie Ihre Stärken und Fähigkeiten schriftlich fest.

2. Erinnern Sie sich an Erfolge!
Überlegen Sie, welche Erfolgserlebnisse Sie bisher hatten. Holen Sie jetzt Ihr Erfolgstagebuch aus der Schublade und schreiben Sie sich alle Erfolgserlebnisse auf – auch die kleinen. Machen Sie sich diese Erfolge regelmäßig bewusst.

An Misserfolge erinnern wir uns in der Regel besser als an Erfolge. Dagegen hilft, letztere aufzuschreiben.

3. Stecken Sie sich Ziele!
Sorgen Sie dafür, dass Sie ein Ziel im Leben haben. Schreiben Sie sich Ihr Ziel auf und hängen Sie es auf einen Platz, an dem Sie oft vorbeikommen. Setzen Sie Ihr Ziel um und stärken Sie damit Ihr Selbstwertgefühl.

4. Holen Sie sich Bestätigung!

Holen Sie sich privat und beruflich vor allem positive Rückmeldungen. Fragen Sie zunächst einmal nur Ihnen wohlgesinnte Menschen. Später fragen Sie dann auch Menschen, deren Sympathie Sie sich nicht sicher sein können.

5. Fragen Sie nach!

Holen Sie sich die Informationen, die Sie brauchen. Sie dürfen fragen.

6. Tragen Sie Verantwortung!

Machen Sie sich bewusst, dass Sie selbst die Verantwortung für Ihr Leben tragen. Egal, ob Ihre Kindheitserfahrungen positiv oder negativ waren, heute entscheiden Sie. Lassen Sie Ausreden wie »Ich bin halt so« oder »Ich bin so gemacht worden« nicht gelten. Erinnern Sie sich! Wie war es bisher und wie soll es zukünftig sein?

> »Jeder Mensch hat sein eigenes Selbstverständnis.«
> (Paul Schibler)

7. Achten Sie auf Ihren Umgang!

Umgeben Sie sich mit Menschen, die Sie mögen und Ihnen gut tun. Wer beeinflusst Sie positiv und bei wem fühlen Sie sich wohl?

8. Leben Sie mit schönen Dingen!

Umgeben Sie sich mit Dingen, die Sie mögen.

9. Achten Sie auf sich selbst!

Sorgen Sie gut für sich! Sorgen Sie für ausreichende Energiequellen? Welches sind Ihre »Oasen«?

10. Stehen Sie zu sich!

Nehmen Sie sich so an, wie Sie sind. Das hindert Sie nicht daran, etwas dazuzulernen. Sich zu akzeptieren und zu lieben, ist die beste Basis, um sich weiterzuentwickeln. Wie stehen Sie zu sich selbst? Betrachten Sie unterschiedliche Bereiche!

Körperübungen für das Selbstbewusstsein

Die folgenden Übungen aus der Kinesiologie haben mir selbst und meinen SeminarteilnehmerInnen schon sehr gute Dienste erwiesen. Sie stammen von der Kinesiologie-Spezialistin Gail E. Dennison und den Kinesiologen Paul E. Dennison und Jerry V. Teplitz. Die ausgewählten Übungen haben sowohl eine anregende als auch eine entspannende Wirkung. Mit ihrer Hilfe erreichen Sie ein inneres Gleichgewicht und gewinnen dadurch an Gelassenheit und Zuversicht.

Positive Punkte

Diese Übung fördert unsere rationale Reaktion und unsere Kreativität.
So geht's: Oberhalb der Augen, zwischen den Augenbrauen und dem Haaransatz, finden Sie zwei kleine Erhebungen. Legen Sie jeweils drei Finger leicht auf beide Erhebungen.
Schließen Sie Ihre Augen und drücken Sie diese Punkte leicht, für die Dauer von sechs bis zehn langsamen, tiefen Atemzügen.
Sie können diese Punkte selbst drücken oder von jemand anderen drücken lassen. Um die innere Anspannung zu lösen, lassen Sie währenddessen die stressauslösende Situation Revue passieren und gehen alternative Möglichkeiten durch.

Hook-ups

Diese Übung macht vitaler, stärkt die Selbstwahrnehmung und das Selbstvertrauen und hilft, sich besser abzugrenzen, Probleme klarer zu betrachten und diese dann auch besser lösen zu können.
So geht's: Setzen Sie sich auf einen Stuhl und legen Sie Ihren rechten Fußknöchel über den linken. Strecken Sie die Arme nach vorne und legen Sie das rechte Handgelenk über das linke. Verschränken Sie nun Ihre Finger und drehen Sie die Hände nach innen zum Körper hin, bis vor die Brust.

Kinesiologie ist die Lehre von der Bewegung. Sie befasst sich mit der Heilung durch körperliche und geistige Aktivität.

Schließen Sie nun die Augen und atmen Sie tief ein und aus. Entspannen Sie sich dabei. Drücken Sie die Zunge beim Einatmen gegen den Gaumen und lösen Sie sie wieder beim Ausatmen.

Stellen Sie nun Ihre Füße nebeneinander auf den Boden. Führen Sie die Fingerspitzen beider Hände etwa vor der Brust zusammen. Atmen Sie ruhig weiter und entspannen Sie sich für eine weitere Minute. Fahren Sie damit fort, die Zunge beim Einatmen gegen den Gaumen zu drücken und beim Ausatmen wieder zu senken.

Balancepunkte

Diese Übung stärkt Ihr Gleichgewichtsgefühl und bringt Sie in Balance. Sie dient außerdem der Entspannung und verhilft Ihnen zu einer erhöhten Aufmerksamkeit.

Inneres Gleichgewicht ist der Schlüssel zu Gelassenheit und Zuversicht.

So geht's: Legen Sie zwei oder drei Fingerspitzen hinter ein Ohr in die Vertiefung unter Ihrem Schädelrand, die sich etwa drei Fingerbreit vom Ohr entfernt befindet. Legen Sie die andere Hand auf den Bauchnabel. Halten Sie diese Punkte für eine halbe bis eine Minute während Sie tief ein- und ausatmen.

Wenn Sie Verspannungen hinter dem Ohr spüren, beschreiben Sie mit der Nasenspitze kleine Kreise. Damit drücken Sie den Kopf gegen die Finger und massieren diesen Bereich. Wiederholen Sie die Übung nun mit dem anderen Ohr.

Armaktivierung

Diese Übung macht den Kopf frei und fördert die Fähigkeit zum kreativen Schreiben und Sprechen.

So geht's: Strecken Sie Ihren rechten Arm nach oben. Legen Sie Ihre linke Hand oberhalb der rechten Schulter auf den Armmuskel. Atmen Sie durch den Mund langsam und sanft aus, während Sie für ca. acht Sekunden den rechten Arm gegen Ihre linke Hand isometrisch nach vorn drücken. Lassen Sie den Druck langsam nach und atmen Sie ein. Variieren Sie diese Übung, indem Sie bei der Ausatmung mit der linken

Hand in die drei anderen Richtungen drücken: zum Ohr hin, seitlich nach außen und nach hinten. Wiederholen Sie anschließend das Ganze mit dem anderen Arm.

Erden

Das Erden dehnt und entspannt die Beckenmuskulatur, bringt den Körper ins Gleichgewicht und stabilisiert ihn. Es stärkt außerdem das Kurzzeitgedächtnis, die Verständnis- und Ausdrucksfähigkeit und die organisatorischen Fertigkeiten.

So geht's: Stehen Sie aufrecht, die Beine weniger als eine Beinlänge gegrätscht. Dabei zeigt Ihre rechte Fußspitze nach rechts, die linke Fußspitze geradeaus. Kippen Sie Ihr Becken nach vorne. Beugen Sie nun beim Ausatmen das rechte Knie und halten Sie dabei das linke Bein gerade. Schonen Sie Ihr Knie und beugen Sie es nicht über die Höhe des rechten Fußes hinaus. Beim Einatmen strecken Sie das rechte Knie wieder. Machen Sie diese Bewegung für die Dauer von drei oder mehr vollständigen Atemzyklen indem Sie beim Beugen des Knies langsam ausatmen und beim Strecken langsam einatmen. Wiederholen Sie die Übung in die andere Richtung. Variieren Sie diese Übung, indem Sie den Fuß des zu beugenden Beines auf einen Stuhl setzen.

Indirektes Sprechen kontra direktes Sprechen

Um gemeinsam eine Präsentation vorzubereiten, hatten die SeminarteilnehmerInnen drei Arbeitsgruppen gebildet. Ich ging von Tisch zu Tisch, um mögliche Fragen zu beantworten. Frau Schmid bat mich um Unterstützung und meinte, Frau Müller würde sie dauernd unterbrechen und sie nicht ausreden lassen. Obwohl Frau Müller direkt neben ihr saß, sprach Frau Schmid mich an.

Diese Form der Indirektheit heißt: »über den Umweg einer dritten Person sprechen«. Frau Müller war mehr als erstaunt, dass Frau Schmid sich nicht direkt an sie gewandt hatte. Der Konflikt verschärfte sich, denn jetzt war auch Frau Müller sauer. Sprechen Sie nicht über, sondern mit dem Menschen, dem Sie etwas zu sagen haben. Sonst kann das sehr verletzend sein.

Was bedeutet indirektes Sprechen?

Indirektes Sprechverhalten bedeutet aber nicht nur, Menschen nicht direkt anzusprechen. Es bedeutet auch, einen Sachverhalt nicht direkt anzusprechen, sondern lediglich anzudeuten. Dafür können Sie andere Worte als die naheliegenden benutzen oder einen anderen Satztyp wählen. Es gibt drei Satztypen: den Aussagesatz, den Fragesatz und den Befehlssatz. Ein Beispiel: »Ach, der Müll steht da ja noch immer herum«, sagt die Mutter zu ihrer Tochter. Die Intention dieser Aussage ist: »Bring sofort den Müll runter!« »Der Müll steht da noch«, ist ein Aussagesatz. »Bring den Müll runter«, ist hingegen ein Befehlssatz.

Aufgrund des Kontextes und der Metamitteilungen verstehen wir, was die Mutter meint – und auch die Tochter versteht es. Den Kontext zu kennen bedeutet, zu wissen, dass die Tochter für den Müll zuständig ist. Zur Metamitteilung gehört, was mit dem Körper, der Stimme und der Sprechweise ausgedrückt wird. Wenn die Tochter sich auf den bloßen

Wer Kontext und Metamitteilungen kennt, kann auch indirekte Äußerungen verstehen.

Wortinhalt bezieht, würde sie antworten: »Ja, du hast Recht. Der Müll steht da noch.«

Um klare und unmissverständliche Aussagen zu treffen, müssen Sie die Dinge beim Namen nennen:

- *Was ist?* Der Anlass ihrer Aussage ist: »Der Müll steht da noch.«
- *Was hätte sein sollen?* Die Intention der Aussage ist: »Der Müll hätte schon längst in die Mülltonne gemusst.«
- *Was will ich?* Der Wunsch ist: »Ich möchte, dass du in Zukunft rechtzeitig reagierst.«

> Machen Sie sich klar, was Sie erreichen wollen, und scheuen Sie sich nicht vor längeren Ausführungen.

Die positive Funktion indirekter Sprache

Indirektes Sprechen funktioniert nur dann, wenn es auch von allen Beteiligten verstanden wird, weil sie es gelernt haben und es vielleicht sogar ritualisiert wurde. Wenn Sie zum Beispiel Ihre Freundin fragen: »Hast du heute Abend schon was vor?«, meinen Sie damit: »Ich habe Lust, heute Abend etwas mit dir zu unternehmen.« Ihre Freundin weiß, dass Sie es so meinen und reagiert prompt: »Ich habe Zeit! Auf was hast du Lust?«

Eine so beschaffene Verständigung schafft Verbundenheit und harmonische Übereinstimmung. Indirektes Sprechen hat also in diesem Fall einen positiven Effekt. Sie kennen sicher auch das Phänomen, dass Sie sich mit manchen Menschen ohne viele Worte verstehen. Dann haben Sie in der Regel ein ähnliches Hintergrundwissen, ein ähnliches Weltbild und ähnliche Werte und senden ähnliche Metamitteilungen aus. Indirektheit leistet außerdem hervorragende Dienste als:

- Ausdruck der angemessenen Höflichkeit und des Respekts
- Stilmittel zur Belebung von Reden und Texten
- Mittel zum Selbstschutz

Höflichkeit und Respekt

Indirektheit ist dann angemessen, wenn wir uns an Tabus heranwagen. In Deutschland fragen wir zum Beispiel nur enge FreundInnen direkt:

»Was verdienst du in deinem Job?« Bekannte und Fremde stoßen Sie mit so einer direkten Art vor den Kopf. Bei ihnen erklären Sie lieber vorab, was Sie zu dieser »dreisten« Frage veranlasst: »Ich suche gerade einen Job im IT-Bereich. Sie arbeiten doch in dieser Branche. Können Sie mir einen Tipp geben, über welches Gehalt ich verhandeln kann?« Verdienst und Geld gehören zu den Tabuthemen in unserer Gesellschaft. Nicht umsonst heißt es: »Über Geld spricht man nicht, Geld hat man.« Weitere Tabubereiche können sein:

- Religion und Rituale
- Krankheit und Tod
- Sexualität
- Gefühle
- Konflikte

Sprechen Sie diese Bereiche – je nach Situation – so vorsichtig und indirekt an, dass Sie jederzeit den Rückzug antreten können.

In Tabuzonen, aber auch im respektvollen Umgang miteinander, ist indirektes Verhalten höflich und angemessen. Besonders deutlich zeigt sich dies in der asiatischen Kultur. Dort ist indirektes Sprechverhalten ein absolutes Muss. Die Menschen erhalten umso mehr Respekt und Wertschätzung, je indirekter, je geschickter und sprachgewandter sie sich ausdrücken können. Je höher die Position und der gesellschaftliche Status, umso eher wird ein geschliffener indirekter Sprachstil erwartet. Menschen, die dort nach der Begrüßung sofort zur Sache kommen oder Wünsche direkt formulieren, werden als unreif und unhöflich eingestuft und laufen höchstwahrscheinlich – ganz unauffällig höflich – auf.

In anderen Kulturkreisen kann die Fähigkeit eines indirekten Sprechverhaltens im respektvollen Umgang miteinander also unabdingbar sein. Mit der Fähigkeit zu erkennen, wann welcher Gesprächsstil angemessen ist und darauf auch entsprechend reagieren zu können, besitzen wir eines der wichtigsten Mittel zur konstruktiven und wertschätzenden Verständigung.

> **Über welche Themen sprechen Sie nicht gern? Reflektieren Sie, unter welchen Umständen Sie sich doch auf ein Gespräch einlassen würden.**

Indirektheit als Stilmittel

Grundsätzlich kommt Klarheit vor sprachlichen Etüden. Es geht bei der Kommunikation nicht darum, mit kunstvollen Reden zu brillieren, sondern darum, sich verständlich auszudrücken.

Doch würden wir alles klar und deutlich sagen – wo bliebe da der Humor und das sprachliche Vergnügen? Wortspiele, Metaphern und Ironie zu benutzen, ist eine Möglichkeit, auf spielerische Weise mit anderen zu kommunizieren. Oft machen Andeutungen, zweideutige Bemerkungen und versteckte Botschaften den Reiz im Umgang mit Sprache und unseren Mitmenschen aus. Hören nicht auch Sie gern Menschen zu, die sich einer lebhaften und bildreichen Sprache betätigen? Oder denken Sie an das Gesellschaftsspiel mit Namen »Tabu«, bei dem Wörter und Begriffe erklärt werden müssen. Dabei dürfen gerade diejenigen Wörter, die im direkten Zusammenhang des zu erratenden Begriffes stehen, nicht benutzt werden.

In welchen Situationen es besser ist, indirekt zu sprechen, erfahren Sie auf Seite 58.

Wo bliebe beispielsweise der Spannungsbogen und das Aha-Erlebnis, wenn SchriftstellerInnen immer gleich auf den Punkt kämen? Das Lesevergnügen entsteht nicht ausschließlich durch eine klare Sprache, sondern vorrangig durch sprachliche Bilder, Andeutungen und blumige Aussagen.

Mittel zum Selbstschutz

Indirektheit kann vor schroffer Ablehnung schützen. Beispielsweise ein: »Hallo, hast du deine Grippe gut überstanden? Sag mal, hättest du gerade etwas Zeit für eine Besorgung?«, ist sicher der bessere Gesprächseinstieg und bietet weniger Anlass zur Verärgerung, als wenn man gleich mit der Tür ins Haus fällt: »Ich stehe gerade unter Druck. Kannst du etwas für mich besorgen?«

Indirektes Sprechen kann als Brücke dienen, indem Sie sich langsam vortasten und erkunden, wie die Situation oder die Stimmung ist, und danach entscheiden, ob Sie Ihre GesprächspartnerInnen direkt mit Ihrem Anliegen konfrontieren.

Wann wirkt indirekte Sprache negativ?

Wenn es um die Benennung von Bedürfnissen geht, sprechen Frauen eher indirekt als Männer. Ansonsten gibt es den indirekten Sprachstil bei Männern genauso häufig wie bei Frauen. Indirektes Sprechen ist jedoch immer dann unangemessen,

Männer sprechen häufig dann indirekt, wenn sie sich in einer unterlegenen Situation befinden.

- wenn Gefahr droht
- wenn Sie nicht bekommen können, was Sie wollen
- wenn dadurch Konflikte provoziert werden

Gefährliche Situationen

Deborah Tannen berichtet in ihrem Buch »Job Talk« von Erfahrungen und Studien, in denen indirektes Sprechen und Nicht-Verstehen sogar Todesopfer gefordert haben. Sie gibt dazu ein auf der so genannten Black Box aufgezeichnetes Gespräch zwischen einem Piloten und seinem Co-Piloten wieder. Der Co-Pilot versuchte, den Piloten kurz vor dem Start wegen schlechter Witterungsbedingungen zu warnen: »Siehst du die ganzen Eiszapfen da hinten? Vielleicht sollten wir noch einmal die Oberflächen überprüfen, solange wir hier herumstehen?« Die Antwort des Piloten lautete: »Wir müssen hier so schnell wie möglich weg.« Die Maschine stürzte wegen vereister Tragflächen ab. Der Co-Pilot hatte ernsthafte Bedenken geäußert, wollte dem Vorgesetzten jedoch nicht direkt sagen: »Ich halte es für zu gefährlich, mit vereisten Tragflächen zu starten. Wir müssen den Start unbedingt abbrechen.« Aufgrund solcher Vorfälle wird heute nicht nur das Flugpersonal geschult, seine Bedenken direkt zu äußern, sondern auch die Vorgesetzten, indirekte Botschaften besser deuten zu können.

Eine Kollegin geriet in eine andere Gefahrensituation. Sie besuchte zusammen mit einem Freund Indonesien. In einem kleinen privat gecharterten Boot wollten sie von der Insel Lombok zur Insel Flores reisen. Auf die Frage an den Kapitän, wann sie abfahren würden, erhielten sie immer wieder unklare Antworten. Die beiden drängten und das Boot legte schließlich ab. Die Reise war gefährlich, da das Wetter für das kleine Schiff und die weite Tour zu stürmisch war. Sie fragten sich, warum man sie alle solch einem Risiko ausgesetzt hatte. Erst als ihnen erklärt wurde, dass es in Indonesien nicht üblich sei, »Nein« zu sagen, sondern versucht wird, andere über indirekte Äußerungen von einem Vorhaben abzubringen, verstanden sie, dass das Problem im unterschiedlichen Gesprächsstil lag. Der Kapitän ging wahrscheinlich davon aus, dass die beiden das Risiko eingehen wollten, nachdem sie seine »Warnungen« so vehement in den Wind geschlagen hatten.

Informieren Sie sich daher vor Reisen, wie die Kommunikation in der anderen Kultur verläuft. Denken Sie aber auch daran, dass Sie andere Kulturen nicht nur außerhalb unseres Kontinents, sondern schon in anderen Bundesländern oder Regionen finden.

Auch die Zugehörigkeit zu einer bestimmten sozialen Schicht spielt beim Gesprächsstil eine entscheidende Rolle.

Wie Sie bekommen, was Sie wollen

Erinnern Sie sich noch an das Beispiel mit dem Ehepaar, das auf dem Weg in den Urlaub war? Die Frau fragte ihren Mann, ob er eine Pause machen wolle. Dabei war sie es, die anhalten wollte. Oder erinnern Sie sich noch an Cora Hübsch, die ihren Nachbarn stoisch ertrug, obwohl sie sich so sehr wünschte, ihn loszuwerden?

Wenn Sie nichts sagen oder es indirekt sagen, dann ist nicht gewährleistet, dass Sie gehört und verstanden werden. Lehnen Sie nicht das zweite Stück Kuchen ab, das Sie gerne noch essen würden, in der Hoffnung, es wird Ihnen noch einmal angeboten. Sagen Sie nicht: »Der Kuchen da drüben, der sieht aber auch lecker aus«, sondern lieber: »Ich hätte gerne noch ein Stück von dem Kuchen da drüben. Der sieht so lecker aus.« Sagen Sie zu ihrer Mitarbeiterin nicht nur: »Die Kaffeedose ist leer«, sondern ergänzen Sie lieber: »Der Kaffee ist ausgegangen. Können Sie beim nächsten Einkauf eine Packung mitbringen?«

Achten Sie in Alltagssituationen darauf, wie oft Sie bei indirekten Äußerungen verstanden oder eben auch nicht verstanden werden.

Konflikte vermeiden

Wenn Ihr Gesprächsstil dem Ihrer GesprächspartnerInnen ähnelt, haben Sie gute Chancen auf eine klare Verständigung. Erst das Zusammenprallen unterschiedlicher Stile verursacht Missverständnisse und unnötige Konflikte.

Indirektheit kann – wie bereits erwähnt – über einen anderen Satztypus ausgedrückt werden (siehe Seite 50). Im folgenden Beispiel stellt die Chefin eine Frage an den Mitarbeiter, hinter der sich tatsächlich jedoch eine Aussage und sogar ein Vorwurf verstecken: »Wann wird das Protokoll denn fertig sein?« Das klingt zunächst einmal nach einer ganz harmlosen Frage mit der Bitte um Information. Doch weil das letzte Protokoll erst zwei Wochen nach Ankündigung fertiggestellt war, das vorletzte sogar erst nach drei Wochen, kann die Frage hier implizieren: »Mensch, ich kann mich auf dich nicht verlassen«, oder es kann eine Drohung dahinter stehen: »Erlaube es dir nicht noch einmal, so lange daran zu schreiben.«

Um eine Botschaft richtig interpretieren zu können, brauchen Sie einige wesentliche Hintergrundinformationen. Wie Sie eine Botschaft zu verstehen haben, hängt maßgeblich von Tonlage, Sprechweise sowie vor allem der Körperhaltung ab.

Wissen Sie, dass die letzten Protokolle verspätet abgegeben wurden und spricht die Chefin in einem genervten Ton und mit fragender Geste, so ist die Frage wahrscheinlich so zu verstehen: »Bitte mach's doch endlich mal rechtzeitig!« Aussagen lösen Konflikte aus, wenn wir eine verdeckte Botschaft heraushören, sie aber nicht eindeutig interpretieren können.

Was ist, wenn das letzte Protokoll zwar aus Sicht des Mitarbeiters zu spät fertiggestellt wurde, dies die Chefin aber gar nicht gestört hat? Dann wird er die Frage vielleicht mit einem Vorwurf verbinden, obwohl sie gar nicht so gemeint war. Die Chefin wäre in dem Fall über eine patzige Antwort wie: »Ja, ja, Sie bekommen das Protokoll schon noch zeitig genug«, sehr erstaunt.

> **Unterschiedliche Gesprächsstile können leicht zu Konflikten führen.**

Viele Missverständnisse liegen darin begründet, dass die am Gespräch Beteiligten von unterschiedlichen Voraussetzungen ausgehen. Sie werden nie den gesamten Kontext parat haben, doch wenn Sie sensibel sind für die so genannten Metamitteilungen – also all jene Mitteilungen, die nicht explizit gesagt wurden – erhöht sich die Chance auf eine klare Verständigung enorm.

Absichten benennen

»Schon längst hat sich die Kommunikation von den Inhalten emanzipiert.«
(Anonymus)

Egal was wir sagen oder auch nicht sagen, es gibt immer eine Metaebene. Der Körper ist nun einmal da und mit ihm drücken wir etwas aus. So lautet ein berühmter Satz von dem Kommunikationspsychologen Paul Watzlawick: »Man kann nicht nicht kommunizieren.« In dem Moment, in dem Sie in Erscheinung treten, werden Sie und Ihre Körperhaltung wahrgenommen – so oder so.

Was bedeutet das nun im Zusammenhang mit Klartext sprechen? Erst wenn Worte, Körpersprache und Sprechweise miteinander im Einklang stehen, können Sie davon ausgehen, dass Sie sich klar ausdrücken. Wenn die anderen den Kontext und alle wichtigen Hintergrundinformationen kennen, werden sie auch verstehen, was Sie meinen.

Vermeiden Sie Unklarheiten, indem Sie direkt sprechen und Ihre Absicht benennen! Wenn Ihnen die Absicht der anderen unklar ist und Sie nicht verstehen, was Ihnen andere versuchen zu vermitteln, haben Sie den Mut und fragen Sie nach!

Zum Beispiel so: »Wie meinst Du das genau?« oder »Ich habe deine Aussage jetzt so und so verstanden. Hast Du das auch so gemeint?« oder »Mir ist die Absicht Deiner Aussage nicht ganz klar. Was willst Du mir damit sagen?«

Kommunikation bleibt ein Leben lang spannend. Wenn Sie bewusst kommunizieren, sich selbst und andere dabei beobachten, werden Sie jeden Tag neue Entdeckungen machen.

Übung

Lernen Sie typische indirekte Aussagen kennen und sie zu deuten. An-statt zu fragen: »Kommst du auch noch mal nach Hause?«, sagen Sie besser: »Ich habe mir Sorgen gemacht. Bitte rufe in Zukunft an.« Oder: »Ich ärgere mich, wenn du später heimkommst, als angekündigt. Im-merhin warte ich mit dem Essen auf dich.«
Was könnten Sie anstelle folgender Sätze sagen?

- »Ah, du hast ja ein neues Auto.«
  Besser:

  . . . .
  . . . .

- »Weißt du eigentlich, wie spät es ist?«
  Besser:

  . . . .
  . . . .

> »Die Sprache ist das Haus des Seins.«
> (Martin Heidegger)

- »Der Kühlschrank ist leer!«
  Besser:

  . . . .
  . . . .

Sammeln Sie weitere typische indirekte Sätze und interpretieren Sie diese!

. . . .
. . . .
. . . .
. . . .
. . . .
. . . .
. . . .

Indirekt oder direkt?

Ob Sie besser indirekt oder direkt sprechen, hängt von der jeweiligen Situation ab.

Sprechen Sie ruhig indirekt,

- wenn Sie wissen, dass die anderen Sie verstehen
- wenn Sie sich in Tabuzonen bewegen
- wenn Sie sich höflich und respektvoll zeigen wollen
- wenn Sie Indirektheit als Stilmittel nutzen oder einen besonderen Effekt erzielen wollen

Sprechen Sie dagegen direkt,

- wenn es um Informationsvermittlung geht
- wenn Sie klar und deutlich verstanden werden wollen
- wenn Sie ein konkretes Ziel verfolgen
- wenn Sie wollen, dass andere etwas tun
- wenn Sie Missverständnissen vorbeugen möchten
- wenn Sie Konflikte vermeiden möchten
- wenn Gefahr droht

Setzen Sie Ihren Fokus
unbedingt auf Direktheit und Klarheit

Achten Sie in Zukunft auf einen angemessenen Gesprächsstil. Achten Sie auch auf den Gesprächsstil Ihrer Mitmenschen und hier natürlich besonders auf die indirekten Botschaften. Je sensibler Sie für den Sprachgebrauch anderer werden, umso eher sind Sie in der Lage, Unklarheiten zu entlarven, verdeckter Kritik auf die Spur zu kommen oder angehende Konflikte zu entschärfen.

So viele Menschen haben Schwierigkeiten, sich klar und deutlich auszudrücken – aus ganz unterschiedlichen Gründen: Sie haben in ihrer Umgebung einen indirekten Stil gelernt und sind nichts anderes gewöhnt, sie trauen sich nicht, offen ihre Meinungen und Gefühle zu benennen oder sie befürchten, als zu offensiv zu gelten.

Durch indirekte Sprache können Sie sich selbst schützen, beispielsweise in Gesprächen, in denen Tabuzonen angesprochen werden.

»Tacheles reden«

Mögen Sie Spiele? Dann empfehle ich Ihnen an dieser Stelle das Spiel »Tacheles reden« vom *Neuland Verlag für lebendiges Lernen.* Wie der Titel bereits sagt, geht es bei diesem Spiel um das klare und verständliche Reden. Aber auch darum, zu bestimmen, bei welchen Formulierungen ich »Tacheles« verstehe.

Dazu sind auf den Spielkarten verschiedene sprachliche Varianten abgedruckt, die Sie zuordnen sollen. Sie bestimmen, was Tacheles ist und auf welche Weise sich Ihre vier bis acht MitspielerInnen ausdrücken würden. Sie verbessern bei diesem Spiel nicht nur Ihre Fähigkeit, klares und direktes Kommunizieren besser zu erkennen, sondern erfahren auch einiges über den Kommunikationsstil Ihrer MitspielerInnen sowie über Ihren eigenen. Denn Sie dürfen sich auch selbst in Tacheles-Formulierungen versuchen. Ihre MitspielerInnen benennen dann, was sie verstanden haben – und ob die Formulierung auch wirklich »Tacheles« war. Wer die meisten Münzen ansammelt, wer also am häufigsten Klartext geredet und gehört hat, ist die Gewinnerin.

Viel Spaß!

Was heißt eigentlich Klartext reden?

»Jetzt sag ich's mal im Klartext.« Wenn Sie eine Aussage so einleiten, erwarten die ZuhörerInnen, dass Sie sich kurz und bündig fassen oder vorher Gesagtes auf den Punkt bringen. Sie erwarten auch, dass Sie endlich das beim Namen nennen, was alle anderen nur durch die Blume gesagt haben.

Klartext reden heißt auch, sich und eine Sache mit einer eigenen Meinung zu präsentieren, die vielleicht auch im Gegensatz zur Ansicht der Allgemeinheit steht. Dies erfordert Mut.

8-Punkte-Checkliste für mehr Klarheit

Wenn Sie Klartext reden wollen, hilft Ihnen dieser 8-Punkte-Check. Wenn Sie ihn intus haben, können Sie gar nicht mehr anders, als sich klar und deutlich auszudrücken. So können Sie Missverständnisse vermeiden und Konflikten vorbeugen.

Ihr Klartext-Beitrag sollte nach folgenden Richtlinien aufgebaut sein:

- verständlich
- einfach
- konkret
- kurz und präzise
- korrekt und ehrlich
- zielgerichtet
- ergebnisorientiert
- mit anschaulichen Beispielen

Sprechen Sie verständlich!

Verständlich sein bedeutet, so zu sprechen, dass die anderen Sie verstehen. Egal wer Ihnen zuhört, Sie passen sich an. Wenn Sie verstanden werden möchten, sprechen Sie eine Sprache, die die Zuhörenden verstehen. Sprechen Sie zu einem Fachpublikum, so können Sie selbstverständlich die entsprechenden Fachbegriffe verwenden. Dies ist in dem Fall sogar angebracht und erleichtert das Verständnis. Wenn Sie die gleiche Terminologie bei einem fachfremden Publikum verwenden, werden Sie vermutlich auf völliges Unverständnis stoßen.

Beispielsweise Sie rufen bei Ihrer Service-Hotline wegen eines Computerproblems an. Die Gesprächspartnerin ist redlich bemüht, doch Sie verstehen ihre Fachsprache nicht. In diesem Fall nützt Ihnen ihre Kompetenz nichts. Behalten Sie daher immer im Blick, welchen Kenntnisstand und welchen Standard Ihre ZuhörerInnen haben und passen Sie sich sprachlich an!

Achten Sie darauf, nur englische Ausdrücke zu verwenden, die entweder allgemein bekannt sind oder von Ihnen erklärt werden.

Genauso vorsichtig wie mit Anglizismen sollten Sie mit Abkürzungen umgehen. Firmen beispielsweise kennzeichnen ihre verschiedenen Abteilungen mit Abkürzungen und Zahlen. Wer nicht zum Unternehmen gehört, kann diese Abkürzungen jedoch nicht zuordnen und versteht diese »Insidersprache« nicht.

Ist ein Text zu stark von Anglizismen durchsetzt, wirkt er auf die GesprächspartnerInnen unpassend und verwirrend.

In der Regel gilt:

- Keine Fachbegriffe!
- Keine Abkürzungen!
- Keine Anglizismen!

Ausnahmen: Alle verstehen die Termini oder sie werden erklärt.

Sprechen Sie einfach!

Einfach zu sprechen, bedeutet, den Redebeitrag so zu gestalten, dass er schnell verstanden wird und sich leicht merken lässt:

- Wählen Sie einfache Worte und Begriffe.
- Wählen Sie eine Satzstruktur, die gut nachvollziehbar ist.
- Gliedern Sie Ihren Beitrag stets so, dass ein Absatz auf dem anderen aufbaut.
- Sprechen Sie in kurzen Sätzen.

Sprechen Sie konkret!

Konkret zu sprechen, bedeutet verbindlich zu sein. Konkretisierung setzt voraus, dass Sie Klarheit darüber haben, was Sache ist und was Sie wollen. Weil wir uns aber oft gerade darüber nicht im Klaren sind oder uns nicht festlegen wollen, sprechen wir unkonkret.

Ein Beispiel für konkretes Sprechen wäre, wenn Sie Ihrem Kunden sagen: »Das Angebot geht morgen an Sie raus«, anstatt: »Ich werde Ihnen demnächst etwas zusammenstellen.«

Denken Sie auch zurück an das Kapitel »Zielsetzung« (siehe Seite 37). Ein klares und konkretes Ziel ist die Voraussetzung für klares und konkretes Sprechen.

Sprechen Sie kurz und präzise!

Sobald wir uns unsicher fühlen, neigen wir zu langatmigen Erläuterungen. Sie möchten beispielsweise einen Vorschlag zur Umsetzung eines Projektes machen. Kurz und präzise könnten Sie sagen: »Wir haben ausgerechnet: Wir brauchen 10 000 Euro, sechs Monate Zeit und drei Leute, die Vollzeit arbeiten.« Langatmig und ausschweifend würde es etwa so klingen: »Tja, also, je nachdem, wie lange das Projekt dauern darf, und da haben wir uns noch nicht entschieden, müssten wir uns erst überlegen, ob wir lieber weniger Leute und dafür mehr Zeit investieren möchten oder umgekehrt. Rudi hat gemeint, dass wir außerdem ...«

Natürlich ist es richtig, Überlegungen auszusprechen. Doch je mehr unnötige Informationen wir einem Beitrag hinzufügen, umso unklarer wird er. Überlegen Sie daher genau, was Ihre ZuhörerInnen wirklich wissen müssen.

Durch das Hinzufügen unnötiger Details lässt sich eine Aussage schnell verfälschen.

Seien Sie korrekt und ehrlich!

Seien Sie korrekt nach bestem Wissen und Gewissen. Lassen Sie nichts aus, was zu einer Verschleierung der Tatsachen führt. Fügen Sie aber auch nichts hinzu, um den Bericht nicht zu verwässern. Korrekt sprechen bedeutet, nicht bewusst etwas Falsches zu sagen oder Wesentliches wegzulassen.

Sprechen Sie zielgerichtet!

Ein klares Ziel ist die Voraussetzung für eine klare Rede! Ein Beispiel für zielgerichtete Sprache wäre folgender Satz: »Ich mag nicht im Zigarettenrauch arbeiten müssen. Ich wünsche mir in unserem Büro eine rauchfreie Zone.« Wenn Sie nicht auf ein Ziel zusteuern würden, klänge das folgendermaßen: »Rauchen ist gesundheitsschädlich. Viele haben schon mit dem Rauchen aufgehört. Inzwischen rauchen ja mehr Frauen als Männer. Das passive Mitrauchen ist auch gesundheitsschädlich. In anderen Büros wird heutzutage selbstverständlich nicht mehr geraucht ...«

Sicher kommen Sie manchmal auch auf Umwegen ans Ziel. Je nachdem, mit wie viel Widerstand wir rechnen müssen, holen wir bei unseren Erklärungen auch einmal weiter aus. Doch lassen Sie dabei nicht Ihr eigenes Ziel aus den Augen und bleiben Sie nicht auf halbem Weg stehen.

> Der Begriff »klar« leitet sich von »klarieren« ab, dem deutschen Wort für das lateinische »clarare« (deutlich machen).

Sprechen Sie ergebnisorientiert!

Halten Sie am Ende eines Gesprächs das Ergebnis fest. Fassen Sie das Gesagte noch einmal zusammen und benennen Sie die getroffenen Vereinbarungen.

Als Beispiel: »Wir haben jetzt vereinbart, wer sich um die Organisation des Betriebsausflugs kümmert, wer die Kasse macht und wer die Anmeldungen registriert.« Ließen Sie das Ende offen, würden Sie sagen: »Wir haben darüber gesprochen, welche Aufgaben verteilt werden müssten, um einen Betriebsausflug zu organisieren.«

Viele Missverständnisse entstehen dadurch, dass zwar einiges besprochen, aber nicht klar definiert wurde, was sich daraus ableiten lässt. Natürlich lassen sich viele Dinge nicht sofort eindeutig klären. Doch gerade dann brauchen wir eine klare Standortdefinierung: »Wir wissen jetzt, welche Aufgaben auf uns zukommen. Lasst uns in der nächsten Sitzung entscheiden, ob wir einen Betriebsausflug machen wollen und dann die Aufgaben verteilen.« Achten Sie immer auf ein Gesprächsende mit einem konkreten Ergebnis.

Benutzen Sie Stilmittel!

Zum klaren Reden und Schreiben brauchen Sie außerdem Hilfsmittel, die zum Zuhören anregen. Sie sind sozusagen »das Salz in der Suppe«. Zu diesen Mitteln zählen Geschichten und Beispiele sowie die Stilmittel der direkten Rede, Wiederholungen, Vergleiche und Bilder. Doch sie sollten nicht der schönen und stilistisch kunstvollen Sprache dienen, sondern der Verständlichkeit und Klarheit.

Stilmittel sollen Aussagen nachvollziehbarer und verständlicher machen. Für eine klare Informationsvermittlung brauchen wir einerseits Präzision in der Formulierung, andererseits sind aber auch Hilfen nötig, um uns das Gesagte vorstellen zu können. Das wird umso wichtiger, je schwieriger und facettenreicher eine Sachlage ist.

> **Klartext reden heißt, einfach und verständlich, konkret, kurz und präzise, korrekt, ehrlich und zielgerichtet zu sprechen. Dennoch müssen Sie auf gekonnt eingesetzte Stilmittel nicht verzichten.**

Informieren – nicht mehr und nicht weniger

Eine unsichere innere Haltung, die aus Schuldgefühlen oder schlechtem Gewissen erwächst, ist oft der Grund dafür, dass wir zu viele Informationen liefern. Das sprachliche Ergebnis ist dann häufig eine Rechtfertigung.

Achten Sie einmal darauf, ob Sie oder Ihre Mitmenschen in Situationen zu viel reden, in denen Sie sich unsicher fühlen. Manche nutzen die Weitschweifigkeit auch als Ausweichmanöver, um vom eigentlichen Thema abzulenken.

Wenn Sie informieren wollen oder informiert werden, achten Sie daher darauf, ob Sie sagen oder gesagt bekommen:

Wer will oder macht:

- Was?
- Wann?
- Wie lange?
- Wo?
- Wie?
- Mit wem?

Beobachten Sie, wie und welche Informationen Sie weitergeben. Wie oft wird nachgefragt? Wie oft läuft etwas schief? Woran hat das gelegen?

Achten Sie darauf, ob Sie all diese Informationen erhalten. Wenn Ihnen unklare Fragen gestellt werden oder Sie unklare Anweisungen erhalten, fragen Sie nach, was konkret gemeint ist. Doch vermeiden Sie das Fragewort »warum«. Es zwingt andere zur Rechtfertigung und die Antwort dient selten der Verständlichkeit.

Achten Sie darauf, dass Sie pro Redebeitrag nicht mehr als drei Informationen transportieren. Mehr kann sich der Mensch nicht merken!

Verletzen Sie andere nicht unnötig!

Natürlich geht es in diesem Buch darum, klar zu sagen, was wir wollen. Das heißt aber nicht, immer gleich auszusprechen, was uns in den Sinn kommt. Es bedeutet vielmehr, dass wir Verantwortung übernehmen – für uns selbst und für die uns anvertrauten Menschen sowie die von uns zu bearbeitenden Aufgaben. Klartext reden heißt, dass wir Verantwortung übernehmen für das, was, beziehungsweise was wir nicht sagen.

Kindermund tut Wahrheit kund

Kinder sprechen aus, was ihnen in den Sinn kommt. Ihnen wird die manchmal unangenehme Direktheit verziehen. Aber stellen Sie sich das Gleiche bei Erwachsenen vor!

Auch manche Erwachsene sprechen alle ihre Gedanken direkt aus. Das mag zwar bei vielen Gelegenheiten als ein sympathischer Charakterzug erscheinen, doch häufig sprechen diese Menschen auch Unangemessenes aus und beleidigen damit ihr Gegenüber. Doch es gibt natürlich auch Fälle, wo andere absichtlich beleidigt werden. Neid, Dummheit oder Aversionen gegenüber einer bestimmten Person können Gründe dafür sein. Und natürlich kennt jede Frau Situationen, in denen sie verletzend sein will, weil sie selbst gekränkt wurde oder sich ungerecht behandelt fühlte. Ob gewollt oder ungewollt – Worte können tief sitzende Kränkungen hinterlassen.

Halten Sie inne!

Wenn Sie Kritik äußern oder jemanden mit Problemen konfrontieren wollen, ist es besonders wichtig, erst zu überlegen, wie Sie es sagen und ob Klartext reden in dem Fall etwas nützt. Denn was erst einmal gesagt ist, können Sie nicht wieder zurücknehmen. Sie können sich entschuldigen und um Verzeihung bitten, aber zurücknehmen können Sie kein einziges Wort. Jede von uns hat wohl schon einmal die Worte, die sie ausgesprochen hat, bereut. Wenn unsere Wut wieder abgekühlt ist, wundern wir uns manchmal, wie wir so heftig reagieren konnten.

Maria arbeitet als stellvertretende Amtsleiterin in der Kämmerei einer mittelgroßen Stadt. Ihr Vorgesetzter raubt ihr den letzten Nerv, weil er seine Funktion als Leiter nicht wahrnimmt: »Ich halte das nicht mehr aus. Seit drei Jahren versuche ich ihm zu sagen, was ich brauche, um meine Arbeit gut machen zu können. Doch er bleibt unverbindlich, gibt weder mir noch den anderen MitarbeiterInnen konkrete Anweisungen, wer was bis wann zu tun hat. Natürlich bekommen wir dann Druck von außen. Er aber stapelt lieber die Arbeit auf seinem Schreibtisch, als sie an uns zu verteilen.«

> »Alles was man in Wut gegen jemand sagt, hinterlässt Narben.«
> (Anonymus)

Maria packt manchmal so die Wut, dass sie ihm sagt, welchen Schaden seine Unsicherheit und Unverbindlichkeit verursachen. Sie weist ihn zurecht, schreit ihm ins Gesicht, was sie von seinen nicht vorhandenen Führungsqualitäten hält. Sie erzählt: »Es nützt überhaupt nichts. Er rechtfertigt sich nur und sackt immer mehr auf seinem Stuhl zusammen. Er gesteht sich keine Fehler ein und ist doch überhaupt nicht in der Lage, sich gegen mich zur Wehr zu setzen. Das macht mich nur noch wütender. Wie kann nur solch ein unfähiger Mensch auf diesen Posten gelangen?«

Das haben sich sicherlich schon viele Frauen in einer ähnlichen Situation gefragt. Doch der Chef sitzt nun einmal auf seinem Sessel und es müsste schon viel passieren, dass sich das ändert. Also ändern Sie etwas! Wenn Sie den Job nicht kündigen wollen, fragen Sie sich lieber, wie Sie mit einem inkompetenten Chef zurechtkommen können. Sparen Sie sich Wutausbrüche wie die von Maria. Sie kann nicht einmal ihren Frust dabei ablassen. Ganz im Gegenteil – die Wutausbrüche verstärken ihre Verzweiflung und das Gefühl, es nicht mehr länger auszuhalten.

Verzichten Sie in solchen Situationen darauf, Klartext zu reden. Es bringt nichts. Sprechen Sie stattdessen lieber einmal Klartext mit der oder dem nächsten Vorgesetzten. Oder gönnen Sie sich eine externe Beratung, um Ihre Handlungsmöglichkeiten zu überprüfen. Achten Sie in Phasen, in denen sich nichts bewegt, gut auf sich und sorgen Sie für Erfolgserlebnisse in anderen Bereichen.

> Es kann sein, dass wir etwas sagen, was sich im Nachhinein als unpassend herausstellt. Es kann sein, dass wir nichts gesagt haben, obwohl es besser gewesen wäre, etwas zu sagen. Stehen Sie dazu und lernen Sie daraus!

Wann spreche ich Klartext? Wann nicht?

Jede Frau hat ihr eigenes Maß, wann sie Klartext sprechen will und wann sie besser darauf verzichtet. Als Hilfestellung kann dazu folgende Grundregel dienen: Wenn das Klartext reden für Sie einen Nutzen hat, dann tun Sie es! Wenn das Klartext reden Ihnen nur schadet, lassen Sie es sein.

Bringen Sie sich nicht selbst in Schwierigkeiten!

Die nächsten Beispiele zeigen, wann es unangemessen ist, direkt und unverblümt zu sagen, was Sie denken – nicht, weil Sie damit der anderen Person schaden, sondern weil Sie sich selbst angreifbar machen.

In Seminaren geben die TeilnehmerInnen verschiedene Gründe an, warum sie manchmal nicht direkt sagen, was sie denken. Hier einige Beispiele: »Wenn ich meiner Kollegin sagen würde, dass ich ihre Ablage nicht mehr miterledigen möchte, würde sie im Gegenzug nicht mehr meine Fragen zum neuen Software-Programm beantworten.« »Wenn ich meinem Chef mal erzählen würde, was ich wirklich von ihm halte, würde er mir glatt kündigen.« »Wenn ich unseren Computerfachmann in der Firma darauf ansprechen würde, dass er sich kontinuierlich in seinem Bereich fortzubilden hat, würde er mir vorhalten, was er schon alles für mich getan hat und dann traue ich mich gar nicht mehr, Weiterbildung von ihm zu fordern.«

Diese Hemmungen sind verständlich, denn mit Kritik wird möglicherweise nur Gegenwehr provoziert. Die meisten Menschen reagieren heftiger als angemessen, wenn sie sich beleidigt, angegriffen oder nicht ernst genommen fühlen. Denn auf dem »Kritik-Ohr« hören fast alle ziemlich gut. Oft fühlen wir uns sogar dann kritisiert, wenn es gar keine Veranlassung dafür gibt.

Wenn wir es wagen, unseren Mund aufzumachen, müssen wir oft unerfreuliche Konsequenzen hinnehmen. Manchmal sogar dann, wenn wir unsere Meinung sehr moderat vorbringen: Wir werden gemieden, unser Anliegen wird lächerlich gemacht, man nimmt uns nicht ernst oder stellt sogar unsere ganze Person infrage. Deshalb scheuen wir uns ja so oft, das zu sagen, was uns stört. Sollen wir also lieber den Mund halten? Wenn wir die Konsequenzen aus dem Gesagten nicht tragen wollen – ja! Allerdings sollten wir uns bewusst entscheiden und uns über unsere Beweggründe im Klaren sein.

> **Menschen neigen dazu, Aussagen zu ihren Ungunsten zu interpretieren. Das hält viele Frauen davon ab, Kritik zu äußern.**

Tragen Sie die Konsequenzen!

Stellen Sie sich vor, Sie sagen Ihrem Chef die Meinung und die Befürchtung, gekündigt zu werden, bewahrheitet sich. Angenommen, Sie teilen Ihrer Kollegin ungeschminkt mit: »Ich habe keine Lust mehr, deine Ablage mitzumachen!« Dass sie dann ihrerseits Ihnen die Software-Programme nicht mehr erklären will, ist zumindest wahrscheinlich. Wenn Ihnen das gleichgültig ist, dann können Sie sich natürlich auch mal richtig Luft verschaffen.

Denn auch wenn Sie Konsequenzen zu tragen haben, sollten Sie sich nicht alles bieten lassen – nur weil die anderen aggressiver, mächtiger und in Computerfragen kompetenter sind als Sie. In jeder Situationen lohnt es sich, Schritte einzuleiten, um etwas an Ihrer Lage zu verändern und zu verbessern. Die Voraussetzung dafür ist natürlich, dass Sie etwas verändern wollen.

Übungen:

1. Erinnern Sie sich an die drei eben angeführten Beispiele:

a. Der Kollegin mitteilen, dass Sie deren Ablage nicht mehr mit übernehmen möchten.

b. Dem inkompetenten Chef die Meinung sagen.

c. Dem Computerfachmann eine Weiterbildungsmaßnahme empfehlen.

Überlegen Sie sich, was Sie tun und wie Sie etwas sagen können, ohne dass es Ihnen schadet, sondern so, dass es Ihnen nützt!

2. Schätzen Sie die folgenden drei Situationen ein:

a. Sie haben sich als Multimedia-Spezialistin in einer Werbeagentur beworben. Sie sind an dieser Position sehr interessiert. Nach dem Vorstellungsgespräch zeigt Ihnen Ihre mögliche zukünftige Chefin den Betrieb und ihren Arbeitsplatz.

Der Arbeitsplatz gefällt Ihnen nicht: alter Schreibtisch, kein rückengerechter Stuhl, kein Tageslicht. Ist es in diesem Fall angebracht, direkt Ihre Meinung dazu zu äußern?

b. Sie betreuen in der Verkaufsabteilung eines Automobilunternehmens KundInnen aus der Region. Einer von ihnen stiehlt Ihnen durch lange und umständliche Reden immer wieder Ihre Zeit. Ist es sinnvoll, ihm das zu sagen?

c. Sie sind mit einem guten und liebgewonnenen Bekannten in der Disko. Er kommt Ihnen zu nahe. Seine Berührungen könnten zwar auch als unverbindliche Freundschaftsgesten gedeutet werden, doch Ihnen ist es unangenehm. Ist es angebracht, ihm das zu sagen?

> Schätzen Sie die Situation, in der Sie sich befinden, ein. Mit welchen Konsequenzen hätten Sie schlimmstenfalls zu rechnen, wenn Sie Ihre Meinung äußern würden?

3. Wie würden Sie es sagen?

a. Ihr Chef lässt sich immer wieder über Ihr Outfit aus. Sie möchten jedoch nicht, dass er sich dazu äußert.

b. Sie haben einer Bekannten Geld geliehen. Nun brauchen Sie das Geld vor der vereinbarten Zeit zurück. Wie sagen Sie's?

c. Ihre Chefin lässt Sie (vermeintlich?) links liegen. Sie haben keine Erklärung dafür. Wie verschaffen Sie sich Klarheit?

Lösungsvorschläge

Zu Frage 1a: Um die Situation zu klären, sollten zwei Fragen besprochen werden: Sind die Arbeitsbereiche klar aufgeteilt? Sind die betroffene Kollegin und Sie mit dieser Arbeitsaufteilung einverstanden?

Vorstellbar ist nach einer Einleitung folgende Gesprächseröffnung: »Cornelia, du überlässt mir häufig Unterlagen, die ich dann ablegen soll. Die Ablage ist aber nach meiner Ansicht deine Aufgabe und ich merke, wie ich mich ärgere, wenn ich deine Arbeit machen muss. Mir liegt viel an einer guten und entspannten Zusammenarbeit und deshalb würde ich gerne mit dir unsere Arbeitsaufteilung besprechen.«

Zu 1b: Wollen Sie Ihren Job behalten, ist es sicher sinnvoll, die »weiche Tour zu fahren« und in diesem Fall Klartext reden zu umgehen. Prüfen Sie, welche Freiräume Ihnen die Inkompetenz Ihres Chefs gibt. Möglicherweise ist er froh, in manchen Bereichen Verantwortung abgeben zu können, sodass sich weniger Reibungspunkte ergeben.

Klären Sie vor dem Gespräch, ob Sie eventuelle Konsequenzen tragen wollen und können.

Wenn Sie sich mit der Unfähigkeit des Chefs nicht abfinden können, sollten Sie versuchen, an Ihrer Karriere zu arbeiten, um nicht länger in einer untergeordneten Position zu arbeiten, die Ihren Fähigkeiten nicht entspricht.

Zu 1c: Sie möchten gern, dass sich Ihr Computerspezialist, der in der Firmenhierarchie Ihnen untergeordnet ist, fortbildet. Sie sind mit seiner Arbeit zunehmend unzufriedener. Früher jedoch hat er Ihnen viele

Dienste erwiesen und auch heute noch ist er zumindest immer hilfsbereit. Folgende Aussage dürfte viel versprechend sein:

»Herr Becker, ich habe Sie um ein Gespräch gebeten, weil ich Sie auf etwas aufmerksam machen möchte. Mir fällt auf, dass Ihre Kenntnisse früher unbestritten immer ›up to date‹ waren. Heute scheint mir das nicht mehr der Fall zu sein. Wie schätzen Sie das ein? Ich möchte gerne, dass Sie sich fortbilden. Hier habe ich Ihnen einige Angebote zusammengestellt.«

Zu 2a: Auch wenn Sie die Stelle wollen, können Sie die Arbeitsplatzsituation ansprechen. Machen Sie aber deutlich, dass Sie kompromissbereit sind und die Umstände nicht entscheidend für Ihr Interesse sind. Das erfordert jedoch Fingerspitzengefühl. Zu leicht können Sie als unbequem gelten. Wenn es Ihnen allerdings gelingt, diesen Punkt angemessen anzusprechen, zeigen Sie Kommunikationsstärke und Persönlichkeit: »Ich bin sehr an der Stelle interessiert und ich würde mich freuen, mit Ihnen zusammenzuarbeiten. Es gibt einen Punkt, den ich trotzdem gerne ansprechen möchte: Ich finde den Arbeitsplatz nicht sehr einladend, weil er so dunkel ist. Mir ist außerdem wichtig, zumindest längerfristig einen rückengerechten Stuhl zu haben. Können Sie sich vorstellen, mir hier entgegenzukommen?«

> **Zeigen Sie sich kompromissbereit. Dann kann Ihnen Ihr Gesprächspartner bzw. Ihre Gesprächspartnerin leichter entgegenkommen.**

Zu 2b: Nein, es ist nicht sinnvoll, dem Kunden direkt zu sagen, dass er Ihre Zeit raubt. Schließlich wollen Sie verkaufen und können es sich nicht leisten, einen Interessenten zu verprellen. Sehen Sie zu, dass Sie für diesen Kunden tatsächlich etwas mehr Zeit erübrigen, als für andere. Er braucht eben einige zusätzliche »Streicheleinheiten«. Dauern die Verhandlungen zu lange, können Sie das Gespräch straffen und geschickt – beispielsweise mit einem Angebot – beenden: »Herr Meier, ich stelle Ihnen die einzelnen Punkte unserer Verhandlung noch einmal schriftlich zusammen und schicke Ihnen die Unterlagen bis Ende kommender Woche zu. Ich denke, dann haben wir jetzt alles Wichtige besprochen.«

Zu 2c: Wenn Ihnen an der Beziehung zu diesem Bekannten etwas liegt, ist es wichtig, eindeutig, aber auch freundschaftlich diese Grauzone zu verlassen. Wenn Sie nicht reagieren, wird Ihr Bekannter annehmen, dass Sie seine Berührungen – seine »körperlichen Anfragen« – mögen. Sie sollten darauf etwa folgendermaßen reagieren: »Uwe, du fasst mich so oft an. Ich weiß nicht so recht, wie das gemeint ist. Es ist mir lieber, wenn du das nicht machst. Dann fühle ich mich wohler und kann den Abend hier besser genießen.«

Zu 3a: »Herr Bernard, sobald Ihnen ein Kleidungsstück an mir gefällt, machen Sie mir ein Kompliment. Ich möchte dies nicht mehr. Viel lieber wäre es mir, wenn Sie mir regelmäßig Rückmeldung zu meinen Leistungen geben würden. Was meinen Sie?«

Zu 3b: »Dora, ich habe dir vor drei Monaten Geld geliehen und dir zugesagt, dass ich es erst in sechs Monaten zurück bräuchte. Leider befinde ich mich jetzt selbst in einem finanziellen Engpass. Ist es möglich, mir den Betrag früher als vereinbart zurückzuüberweisen? Vielleicht sogar noch in diesem Monat?«

Zu 3c: Frau Müller, ich habe den Eindruck, dass sich unser gutes Verhältnis in letzter Zeit verschlechtert hat. Sie sprechen mich seltener an und mir kommt es so vor, als wenn Sie sich auch sonst stärker von mir distanzieren würden. Ich habe keine Erklärung dafür. Bitte sagen Sie mir, was passiert ist.»

Körpersprache, Stimme und Sprechweise

Alleine mit Worten klar zu sein, reicht nicht aus. Wir sind nicht glaubwürdig, wenn wir nicht auch mit unserem Körper, unserer Stimmlage und unserer Sprechweise Klarheit ausdrücken.

Wie und was reden Sie?

Hätten Sie gedacht, dass das gesprochene Wort lediglich sieben Prozent des Gesamteindrucks ausmacht? Tatsächlich ist es unsere Körpersprache, die zum größten Teil die Gesprächssituation bestimmt. Auch Sprechweise und Stimme sind zu mehr als einem Drittel verantwortlich. Dieses Verhältnis klingt erst einmal ungewöhnlich, oder?

Körpersprache und Mimik

Bedenken Sie jedoch, dass die Körpersprache elementar ist. Babys und Kleinkinder nehmen zuerst nonverbale Signale wahr und lernen sie zu deuten. Weltweit verstehen wir das Lächeln, körperliche Zuwendung und einige Gesten – nicht aber unbedingt die Landessprache.

Drehen Sie in einer Gesprächsrunde Ihren GesprächspartnerInnen doch einmal den Rücken zu, während Sie ein wichtiges Gegenargument vortragen. Oder schauen Sie beim Reden zum Fenster hinaus. Ihr Argument wird entweder kaum wahrgenommen, weil sich niemand angesprochen fühlt, oder die GesprächsteilnehmerInnen wundern sich über Ihr ungewöhnliches Verhalten (oder beides). Auf jeden Fall wird Ihre abweisende und Desinteresse signalisierende körperliche Haltung mehr Wirkung zeigen; mehr als Ihre Worte.

Stellen Sie sich vor, Sie sagen zu einer Bekannten: »Klar, machen wir. Das bekommen wir sicherlich gut hin«, und wenden sich gleichzeitig von ihr ab. Wird sie Ihnen glauben, dass Sie sich wirklich für sie einsetzen? Wohl kaum.

> **Denken Sie während eines Gesprächs immer wieder daran, dass Sie auch durch Ihre Körpersprache auf andere wirken.**

Ein anderes Beispiel: Sie weinen und sagen: »Mir geht es prima!« Glaubt Ihnen jemand, dass es Ihnen gut geht? Die ZuhörerInnen sind zumindest irritiert und wundern sich: Warum sagt sie so etwas, wenn wir doch sehen, dass es nicht stimmt?

Stimme und Sprechweise

Die Stimme und die Sprechweise zählen ebenfalls zur nonverbalen Kommunikation. Sagen Sie beispielsweise in einem resignierten Tonfall: »Klar, machen wir!« Der Inhalt wird mit Sicherheit auf der Strecke bleiben oder die ZuhörerInnen denken, dass Sie sie entweder anlügen oder nicht ernst nehmen.

Selbst minimale stimmliche oder körperliche Dissonanzen zum Inhalt können uns verwirren. Manchmal erkennen wir lediglich nicht, was uns seltsam vorkam.

> »Durch den Tonfall kann man viel mehr zum Ausdruck bringen als mit den Worten selbst.«
> (Malcolm Stevenson Forbes)

Die Worte selbst

Auch wenn der Inhalt unserer Worte nur sieben Prozent des Gesamteindrucks ausmacht, ist er trotzdem wichtig! Schließlich sind Körper und Stimme Träger der Inhalte. Doch zeigt die prozentuale Verteilung (55 Prozent Körper, 38 Prozent Stimme und Sprechweise, sieben Prozent Inhalt), dass allein unsere Ausstrahlung darüber entscheidet, ob wir mit unseren Argumenten und dem, was wir sagen, die ZuhörerInnen überzeugen können.

Zu den Wirkungsfaktoren der Körpersprache gehören:

- Körperhaltung
- Gestik
- Mimik
- Blickkontakt
- äußeres Erscheinungsbild

Die Körperhaltung

Das Wichtigste ist, dass Sie eine gerade Körperhaltung einnehmen: im Stehen und im Sitzen. Krümmen Sie nicht Ihren Rücken. Machen Sie folgende Übung, um zu überprüfen, ob Sie gerade stehen.

Übung 1

Stellen Sie sich bequem hin, Beine hüftbreit auseinander. Die Arme hängen nach unten. Die Schultern sind locker. Drehen Sie die Arme so, dass die Handflächen nach vorne zeigen.

Diese Übungen sind ideal, um Sie vor einem wichtigen Gespräch »aufzurichten«.

Drücken Sie nun die Arme nach hinten, sodass Sie die Schulterblätter zusammendrücken und die Brust vorstrecken. Bleiben Sie in dieser Haltung etwa fünf Sekunden. Entspannen Sie sich nun und kehren Sie in Ihre Ausgangsposition zurück. Wahrscheinlich stehen Sie jetzt gerader da und sind um einen Zentimeter »gewachsen«.

Tipp: Wenn Sie das Gefühl haben, dass Sie die Brust leicht nach vorne strecken (so als wollten Sie jemand den Anhänger einer imaginären Kette zeigen), dann erst haben Sie eine gerade Haltung eingenommen!

Richten Sie sich auf!

Der Rücken ist nun gerade. Das ist sehr wichtig. Denken Sie an Redewendungen, wie: »sie ist aufrichtig«, »er hat Rückgrat« und »ihr ist das Kreuz gebrochen worden«. Diese beziehen sich auf die innere Haltung und zeigen die Analogie zur äußeren Haltung. »Lass doch den Kopf nicht so hängen!«, sagen wir und meinen: »Sei nicht traurig!« Der Körper ist Spiegel unseres Befindens wie auch die Stimme, die Sprechweise und die Wortinhalte!

Umgekehrt können Sie über eine gerade Haltung auch Einfluss auf Ihre Verfassung nehmen. In dem Moment, in dem Sie bewusst Ihre Körperhaltung und Sprechweise beeinflussen, verändert sich automatisch auch Ihre innere Haltung. Dieses Wissen sollten Sie sich auf jeden Fall zu Nutze machen.

Übung 2

Stellen Sie sich mit hüftbreit gegrätschten Beinen gerade hin. Die Füße dürfen nicht nach innen oder außen gedreht sein, sondern sollen parallel stehen oder leicht mit der Fußspitze nach außen zeigen. Pendeln Sie sich auf Ihren Fußsohlen ein, indem Sie in jede Richtung sanft ihr Gewicht verlagern. So bekommen Sie ein besseres Gefühl für Ihren Stand und werden später beim Gespräch mit »beiden Beinen fest auf dem Boden stehen«.

Richtig stehen und sitzen

Wie sollen Sie nun stehen, wenn Sie etwas zu sagen haben?

Nehmen Sie folgende Haltung ein: aufrecht hinstellen, Knie dabei nicht durchdrücken sondern locker lassen, Schultern ebenfalls locker nach unten (nicht nach vorne) hängen lassen. Den Kopf nicht schief legen, denn ein schräg gehaltener Kopf wirkt unterwürfig. Deshalb halten Sie den Kopf gerade hoch. Wenden Sie sich Ihren GesprächspartnerInnen immer zu. Zeigen Sie ihnen nicht »die kalte Schulter«.

Wenn Sie im Sitzen sprechen, achten Sie auf eine aufrechte Haltung. Lehnen Sie sich auf keinen Fall nach hinten, denn das wirkt zu abweisend oder zu lässig.

Auch hier gilt: Wenden Sie sich den GesprächspartnerInnen zu! Das bedeutet auch, dass Sie sich eher einmal etwas nach vorne neigen. Die Beine stehen nebeneinander in paralleler Stellung oder werden locker übereinandergeschlagen. Verknoten Sie aber Ihre Beine nicht ineinander. Setzen Sie sich auf die vordere Hälfte des Stuhls oder sitzen Sie auf der gesamten Sitzfläche, doch lehnen Sie sich nur mit dem unteren Rücken an der Stuhllehne an. Damit bleiben Sie mit dem Oberkörper flexibel. Falls Sie an einem Tisch sitzen, legen Sie die Hände offen – nicht zu Fäusten geballt – auf den Tisch. So hat Ihr Gegenüber den Eindruck, Sie hätten nichts zu verbergen und wären gelassen und entspannt. Zum Klartext reden gehören ja vor allem auch Gesprächsbereitschaft Offenheit und Ehrlichkeit!

> Überprüfen Sie zwischendurch immer wieder Ihre Haltung. Halten Sie Ihren Kopf hoch? Ist Ihr Rücken gerade?

Geschlechtsspezifische Körpersprache

Frauen machen sich in puncto Körperhaltung oft kleiner als ihnen zuträglich ist. Männer dagegen neigen zum Gegenteil. Beobachten Sie einmal, wie Männer stehen oder sitzen: Sie haben die Beine in der Regel hüftbreit oder noch breiter gegrätscht. Im Kino oder in der Straßenbahn kann es richtig lästig werden, wenn sich der Sitznachbar breit macht und uns dadurch zwingt, uns kleiner zu machen.

Männer wirken durch ihre Körpersprache oft dominant, Frauen dagegen häufig unterwürfig. Probieren Sie einmal Folgendes:

Stellen Sie sich wie ein verschüchtertes Mädchen hin: Oberkörper eingezogen, Schultern nach vorne, Arme an den Körper gepresst, die Hände aneinander festhaltend, Beine eng beieinander oder überkreuzt. Wie fühlen Sie sich jetzt? Die Haltung wirkt sich doch sicher auf Ihr Inneres aus? Fühlen Sie sich eingeschüchtert und wackelig auf den Beinen?

Nun probieren Sie es einmal mit einer ganz anderen Haltung: Stellen Sie sich breitbeinig hin, wie ein cooler Westernheld, die Arme in die Hüften gestemmt, jederzeit bereit, den Colt zu ziehen, wenn Ihnen jemand krumm kommt. Wie fühlen Sie sich jetzt? Die Haltung ist Ihnen vielleicht unangenehm, weil Sie sich niemals so hinstellen würden. Sollen Sie ja auch nicht! Das würde nämlich äußerst provozierend wirken. Doch um zu spüren, wie stark sich äußere und innere Haltung bedingen, ist die Cowboystellung bestens geeignet.

> Es ist eine gute Klartext-Übung, Männer (in Ausnahmefällen auch Frauen) darauf hinzuweisen, dass sie uns den Platz wegnehmen und sie zu bitten, etwas zu rutschen.

Die Gestik

Einerseits unterstreicht unsere Gestik, was wir sagen, andererseits spricht sie aber auch für sich. Wir Deutschen machen in der Regel nicht viele Gesten.

Wer frisch aus dem Italienurlaub zurückkommt, sagt doch gern: »Italienisch kann ich zwar immer noch nicht, doch unterhalten haben wir uns trotzdem – mit Händen und Füßen.« Wir Deutschen dürfen also ruhig noch etwas zulegen und stärker gestikulieren.

Möglichst natürlich

Gesten sollen natürlich und nicht antrainiert wirken. Sie sollen im Einklang zum Gesagten und zum Sprechtempo stehen, nicht konträr dazu. Gesten sind dazu da, einen Beitrag zu beleben, neben dem Ohr auch dem Auge etwas anzubieten. Dadurch wird ein Beitrag interessanter und lässt sich besser merken.

Wie gestikulieren Sie also richtig? In der Ausgangsposition halten Sie die Hände vor der Körpermitte. Von hier aus lassen Sie Ihre Hände sprechen – vom Bauchnabel bis maximal zur Kinnhöhe. Die Ellbogen sind angewinkelt, keinesfalls aber an den Körper gepresst. Frauen neigen dazu, sich an sich selbst, an einem Kugelschreiber oder einem Zeigestock »festzuhalten«. Nehmen Sie bewusst wahr, was Ihre Hände tun!

Übung 1

Stellen Sie sich das Publikum vor, zu dem Sie sprechen wollen. Wenden Sie sich ihm zu, zeigen Sie eine offene Körperhaltung und tun Sie so, als würden Sie Bonbons verteilen. Erwecken Sie den Eindruck, als hätten Sie etwas zu verschenken!

Gesten sind Visualisierungshilfen. Sie schaffen, ähnlich wie Metaphern, sprachliche Bilder in unseren Köpfen und erleichtern somit das Verständnis.

Übung 2

Einige Gesten sprechen für sich. Wir verstehen sie auch ohne Worte. Sie zeigen auf ein Bild oder auf sich. Sie zählen mit den Fingern oder fassen sich an den Kopf. Probieren Sie diese Gesten aus und überlegen Sie sich weitere selbstredende Gesten!

Die Mimik

Die Mimik ist die Gestik des Gesichts. Mimik drückt Gefühle aus und schafft den emotionalen Kontakt zu den GesprächspartnerInnen.

Ihre Mimik ist, wie Ihre Sprechweise und Körpersprache, abhängig von der Situation, in der Sie sich befinden. Wenn Sie eine Verhandlung führen, in der Sie nicht zum Ausdruck bringen wollen, was Sie »in der Hin-

terhand« haben, dann setzen Sie natürlich ein »Pokerface« auf, zeigen
also keine Regungen! Der wichtigste Sympathieträger ist das Lächeln.
Doch lächeln Sie nur, wenn es zur Situation und zum Inhalt passt.

Übung
Ziehen Sie Grimassen, kneifen Sie Ihr Gesicht zusammen, bewegen Sie
den Kiefer hin und her – mindestens eine halbe Minute lang. Jetzt ist Ihr
Gesicht schön entspannt.

Der Blickkontakt

Wenn wir miteinander reden, senken wir in unserer Kultur weder den
Blick noch schauen wir weg. Der Blickkontakt ist wichtig, um zu signalisieren, dass wir es ehrlich und aufrichtig meinen. Wer wegsieht, will
nichts mit der Sache zu tun haben oder vermittelt das Gefühl, etwas ver-
heimlichen zu wollen.

Simone stöhnte in einem Seminar: »Ich habe einen Kollegen, der kann
mich beim Sprechen nicht anschauen. Er schaut entweder auf den Boden oder an mir vorbei. Dadurch wirkt er total unsicher. Mich irritiert
dieses Verhalten.« Ohne Augenkontakt ist die Mimik des anderen nicht
richtig wahrnehmbar. Wir können also nicht vom Gesicht ablesen, ob
die Worte verstanden wurden beziehungsweise was der andere von uns
hält und was wir selbst von ihm halten sollen. So ein Verhalten verunsichert sehr stark.

> In anderen Kulturen kann
> direkter Blickkontakt unange-
> messen sein.

Sehen Sie die GesprächspartnerInnen an

Blicken Sie Ihren GesprächspartnerInnen ins Gesicht, nicht auf die
Brust oder auf die Hände, denn das verunsichert sie. Bei einer Diskussion in einer kleinen Runde von etwa zehn Leuten schauen Sie alle abwechselnd an. Halten Sie den Blickkontakt nicht zu kurz (weniger als
eine Sekunde), aber auch nicht zu lange (über sieben Sekunden) – es
sei denn, Sie sprechen jemanden ganz speziell an. Bei einem Vortrag

Achten Sie einmal auf die NachrichtensprecherInnen im Fernsehen. Wie viel Blickkontakt brauchen Sie, um sich von ihnen angesprochen zu fühlen?

mit etwa 100 ZuhörerInnen reicht es, einfach ins Publikum zu schauen und dabei alle Richtungen zu berücksichtigen. Wenn Sie nur eine Gesprächspartnerin oder einen Gesprächspartner haben, halten Sie mindestens über die Hälfte der Zeit Blickkontakt.

Das äußere Erscheinungsbild

Natürlich sollten Sie gepflegt aussehen. Wenn Sie jedoch als Reitlehrerin auf einer Western-Ranch arbeiten, können Sie natürlich nicht im Kostüm erscheinen. Auch die klassische Reithose ist dort unerwünscht, stattdessen liegen Sie mit Jeans und Cowboy-Stiefeln genau richtig. Die Grundregel lautet also: Tragen Sie ein angemessenes Outfit. Es sei denn, Sie wollen auffallen.

Angenommen, Sie möchten bei der nächsten Konferenz eine neue Maßnahme vorstellen. Sie haben eine gute Idee und möchten, dass diese auch von Ihren KollegInnen für gut befunden wird. Ihr Outfit kann Ihr Vorhaben maßgeblich unterstützen. Um bestmöglich zur Geltung zu kommen, tragen Sie dunkle Farben wie Schwarz, Dunkelblau, Dunkelgrün, Dunkelgrau – und zwar unabhängig von der geschriebenen oder ungeschriebenen Kleiderordnung. Dunkle Farben demonstrieren stets Seriosität.

Farben haben aber nicht nur eine psychologische Wirkung, sondern auch eine ästhetische. Welche Farben stehen Ihnen? In welchen Farben sehen Sie frisch und gesund aus?

Ziehen Sie einen Blazer an oder ein anderes Oberteil mit breiteren Schultern. So wirken Sie souveräner. Mit klassischen Hosenanzügen liegen Sie immer richtig. Vorsicht dagegen mit kurzen engen Röcken, denn damit können Sie sich zumindest im Sitzen nicht frei bewegen. Wenn Sie größer wirken wollen, tragen Sie Schuhe mit Absatz, keinesfalls jedoch solche, in denen Sie nicht laufen können. Wir werden ja nicht erst dann wahrgenommen, wenn wir den Mund aufmachen, sondern schon in dem Moment, in dem wir einen Raum betreten.

Das Wichtigste ist jedoch, dass Sie sich in Ihrer Kleidung wohl fühlen. Tragen Sie deshalb nur Stücke, die Ihnen ein gutes Gefühl vermitteln. Denn ein gutes Gefühl schafft Selbstvertrauen! Setzen Sie Ihre Kleidung und Ihr Erscheinungsbild gezielt ein!

> »Die Kleider müssen so zum Menschen passen, wie der Mensch zur Landschaft passen muss.«
> (Li Liweng)

Die Stimme und die Sprechweise

Stimme und Sprechweise beeinflussen mit 38 Prozent – am Telefon sogar mit 80 Prozent – sehr stark eine Gesprächssituation. An der Stimme erkennen wir ebenso wie an der Körpersprache, ob jemand unsicher oder sicher ist, freundlich oder unfreundlich, genervt oder fröhlich. Die Stimme macht Stimmung.

Das gehört zur Stimme und Sprechweise dazu:
- Stimmlage
- Atmung
- Betonung
- Modulation
- Artikulation
- Lautstärke
- Sprechtempo
- Sprechpausen
- Schwingungen

Die Stimmlage

Kennen Sie die amerikanische Fernsehserie »Golden Girls« mit den vier Frauen, die unter einem Dach zusammen wohnen? An ihnen lassen sich hervorragend verschiedene Stimmlagen und deren Wirkung demonstrieren. In der deutschen Synchronfassung liegen Rose und Blanche, was ihre Tonlage betrifft, weit über der natürlichen Stimmlage. Die eine spricht zusätzlich noch in einem Mickey Maus-ähnlichen Nasalton. Diese Stimmen belustigen, und Rose und Blanche sind ja auch sehr humorvolle Figuren. Doch nehmen Sie sie wirklich ernst? So amüsant sie auch sein mögen, ernst nehmen können wir sie nicht. Sophia, die Mutter von Dorothy, hat eine sehr tiefe, rauchige Stimme. Sie drückt ihre Stimme nach unten und spricht damit tiefer, als sie es normalerweise tun würde. Dorothy dagegen zeigt schon mit ihrer Stimme, dass sie die Chefin des Hauses ist. Sie hat eine natürlich tief klingende Stimme und spricht in ihrer so genannten Indifferenzlage.

Murmeln Sie einmal locker vor sich hin: »soso«, »jaja«, »aha«, »mmh«. Dieser Ton ist das Barometer für Ihre Indifferenzlage.

Um diese Tonhöhe herum sollten Sie auch im Alltag sprechen, besonders dann, wenn Sie Klartext reden wollen.

Die meisten Frauen sprechen normalerweise in ihrer natürlichen Tonlage. Das ändert sich jedoch schnell, wenn sie in Stress geraten. Dann kippt die Stimme gerne nach oben und wird schrill.

In welchem Teil Deutschlands leben Sie? Je nachdem, wo wir herkommen oder wohnen, nimmt unsere Sprechweise regionale Färbungen an. Im Norden ist beispielsweise die durchschnittliche Stimmlage etwas höher, im Süden ist sie tiefer. Die Stimmlage ist aber auch abhängig vom Dialekt und der Sprechgeschwindigkeit.

Machen Sie vor einer wichtigen Besprechung unbedingt die Körper- und Stimmübungen von Seite 87 ff.

Wenn Sie in Ihrer natürlichen Stimmlage sprechen, hat Ihre Stimme einen vollen Klang. Sie können den ganzen Tag ununterbrochen reden ohne dabei heiser zu werden oder an Klangstärke zu verlieren. Das bedeutet schließlich, dass Sie auch dann noch gut gehört werden, wenn Ihr Publikum von Ihnen weiter entfernt sitzt.

Die Atmung

Beim Sprechen kommt es besonders auf die richtige Atmung an. Ohne eine gute Technik geraten Sie bereits nach kurzer Zeit außer Atem, werden hektisch, verkrampft oder atmen flach.

Wenn Sie in die Brust atmen – also flach und mit einem verkrampften Zwerchfell – versetzen Sie sich in übermäßigen Stress. Was beim Sport unter Umständen angemessen ist, schadet beim klaren und überzeugenden Sprechen. Sie wirken unruhig und werden es auch. Atmen Sie stattdessen entspannt in den Bauch, bis er sich beim Einatmen nach außen wölbt. Sprechatmung ist geführte Bauchatmung.

Sollten Sie beim Reden aufgeregt sein, konzentrieren Sie sich auf das Ausatmen. Vor lauter Hektik befürchten nämlich viele, keine Luft mehr zu bekommen und atmen mehr ein als aus: Sie hyperventilieren. Atmen Sie deshalb in Ruhe aus, bevor Sie wieder einatmen.

Auch ein eventuelles Zittern in der Stimme vermeiden Sie mit der richtigen Atmung. Übrigens: Je weiter die anderen von Ihnen entfernt sitzen, umso weniger ist ein Zittern der Stimme zu hören.

Atmen Sie gelassen und entspannt in den Bauch. Konzentrieren Sie sich auf das Ausatmen.

Die Betonung

Wie wichtig die Betonung der einzelnen Worte ist, haben Sie bereits im Zusammenhang mit der Gestik erfahren (siehe Seite 80). Betonen Sie die wesentlichen Stellen in Ihren Sätzen, um Ihren Beitrag lebendig zu machen und Wichtiges hervorzuheben.

Die Modulation

Die Stimmmelodie trägt, wie die Betonung, entscheidend zur Lebendigkeit und zur stimmlichen Strukturierung Ihres Beitrags bei. Sie ist, wie die Sprechgeschwindigkeit, regional unterschiedlich und abhängig vom Dialekt. Dialekt galt lange Zeit als der so genannten Hochsprache unterlegen. Das ist heute jedoch im Allgemeinen nicht mehr so. Wenn andere Sie verstehen können, darf Ihre Klangfärbung durchaus hörbar sein.

Die Artikulation

Haben Sie eine klare und deutliche Aussprache? Wenn Sie nuscheln oder so undeutlich sprechen, dass Sie nicht verstanden werden, dann nutzen auch eine gerade Körperhaltung und der 8-Punkte-Check für mehr Klarheit (siehe Seite 62) nichts.

Eine hilfreiche Übung: Klemmen Sie sich einen Korken zwischen die Zähne. Lesen Sie so mindestens zehn Zeilen. Dann nehmen Sie ihn heraus und lesen noch einmal fünf Zeilen. Sie müssten deutlich merken, dass Sie Ihren Mund weiter öffnen und Ihre Zunge weiter nach vorne schieben. Wenn Sie gerade keinen Korken zur Hand haben, können Sie es mit eingezogenen Lippen probieren.

Die Lautstärke

Sprechen Sie in angemessener Lautstärke. Je nachdem, ob Sie zu einer Person, die sich in der Nähe befindet oder zu vielen Menschen in einem großen Raum sprechen, reden Sie leiser oder lauter.

Es ist besser, das Risiko einzugehen, den anderen durch zu lautes Reden zu nerven, als gar nicht gehört zu werden.

Frauen neigen dazu, zu leise und zu schnell zu sprechen. Dies ist ein Zeichen für Unsicherheit und für das Bedürfnis, schnell wieder aufhören zu können. Da Sie weder unsicher sind noch so wirken möchten, sprechen Sie im Zweifelsfall lieber eine Spur zu laut als zu leise. Am besten ist natürlich, wenn Sie gut gehört werden, ohne aufdringlich zu wirken.

Das Sprechtempo

Das Sprechtempo ist von der Artikulation, vom Dialekt und der Herkunft sowie vom Schwierigkeitsgrad des Inhalts abhängig.

Sprechen Sie in angemessenem Tempo und lieber ein bisschen zu langsam als zu schnell. Wobei langsam Sprechen nicht gleich zu setzen ist mit monotonem Sprechen. Variieren Sie das Tempo wie auch die Lautstärke je nachdem, welche Akzentuierung Sie Ihrem Beitrag geben möchten.

Die Sprechpausen

Sprechpausen sind Wirkungspausen und keine Lücken, die Sie mit »ähs« und »ehems« füllen müssen. Aussagen gewinnen an Bedeutung, wenn Sie davor eine kurze Pause einlegen. Dann wissen die ZuhörerInnen, dass hier etwas Wichtiges angesprochen wird. Oder Sie machen die bedeutsame Pause nach einem wichtigen Satz. Auch diese wird ihre Wirkung keinesfalls verfehlen.

Schwingungen

Unsere Stimme wirkt wie unsere Körperhaltung nicht nur nach außen, sondern auch nach innen. Wir hören uns selbst ja auch und spüren die von der Stimme erzeugten Schwingungen. Diese beeinflussen unser Befinden.

Nutzen Sie diese Schwingungen, um sich in eine heitere Stimmung zu versetzen. Hören Sie rhythmische Musik, tanzen und bewegen Sie sich dazu, trällern Sie ein Liedchen. Die Wirkung ist enorm und hilft Ihnen dabei, sich überhaupt zu trauen, Klartext zu reden und die richtigen Worte mit der richtigen Haltung und der passenden Stimmlage zu finden. Denn mit ein wenig Leichtigkeit und positiver Schwingung lassen sich so manche Dinge einfacher und klarer sagen. Dann werden die kritischen inneren Stimmen, die uns daran hindern zu sagen, was wir sagen wollen, immer leiser.

Körper- und Stimmübungsprogramm

Mit der folgenden Trainingseinheit für eine gerade Körperhaltung, ruhige Bauchatmung und klangvolle Stimme können Sie viel dafür tun, Klartext zu reden.

Machen Sie diese fünf Übungen am besten jeden Tag. Es lohnt sich!

Beine

- Klopfen Sie beide Beine von unten nach oben und umgekehrt ab. Machen Sie die Übung bei jedem Bein dreimal. Ihre Beine werden zunehmend lockerer.
- Rollen Sie beide Fußsohlen im Stehen abwechselnd mit einem Tennis- oder Igelball ab. Massieren Sie dabei mit dem Ball jede Fußsohle etwa zwei Minuten. Stellen Sie sich anschließend mit hüftbreit gegrätschten Beinen hin und spüren Sie den Unterschied zu vorher. Die Sensibilisierung der Fußsohlen bewirkt ein intensiveres Gefühl zum Boden und hilft Ihnen, zu den Dingen zu stehen, die Sie vertreten möchten.

Rücken

- Klopfen Sie sich den unteren Rücken selbst ab oder lassen Sie ihn sich von jemand anderen leicht abklopfen. Dieser Bereich ist wichtig für Ihre Stabilität.
- Stellen Sie sich mit dem Rücken an eine Wand. Beugen Sie sich nach vorne. Rollen Sie Ihren Rücken nun langsam nach oben.

Schultern

Wenn es im Büro einmal richtig stressig wird, helfen Ihnen die Übungen, einen klaren Kopf zu behalten.

- Ziehen Sie Ihre Schultern nach oben – und lassen Sie sie wieder runter.
- Kreisen Sie Ihre Schultern in beide Richtungen.
- Drücken Sie Ihre Schulterblätter zusammen – und lassen Sie sie wieder los.

Machen Sie jede Übung fünfmal.

Kopf

- Setzen Sie sich entspannt auf einen Stuhl und schließen Sie dabei Ihre Augen.
- Nun stellen Sie sich in Gedanken den Duft von Meerwasser vor. Während Sie versuchen, eine Vorstellung oder Erinnerung von einem solchen Duft wachzurufen, können Sie nicht in Worten denken. Nach zehn Sekunden schon ist Ihr Kopf frei. Sie fühlen sich wieder entspannt und frisch.

  Führen Sie die beschriebene »Duft-Übung« mehrmals für verschiedene Speisen, Gewürze etc. durch. Merken Sie sich, womit es am besten geklappt hat.

Atmung

- Legen Sie Ihre Hände auf den Bauch und den Rücken – atmen Sie tief durch. Der Bauch soll sich bei der Einatmung leicht nach außen wölben, bei der Ausatmung wieder senken. Falls Sie zur Brustatmung neigen, probieren Sie die Übung zuerst im Liegen. Beginnen Sie immer mit der bewussten Ausatmung.

■ Legen Sie Ihre Hände auf den Bauch und atmen Sie stoßweise aus mit »kscht«. Spüren Sie den Impuls, der von der Aussprache der Konsonanten ausgeht? Spüren Sie Ihre Bauchmuskulatur und die kräftigende Wirkung der Atmung?

Stimme

■ Versetzen Sie sich mittels Ihrer Stimme in verschiedene Stimmungen. Stellen Sie sich dazu aufrecht hin. Sagen Sie mit stark angespanntem Körper und geballten Fäusten: »Wut«. Spüren Sie lieber Redewut als Redeangst. Beides gleichzeitig geht nicht. Wenn Sie ein paar Mal: »Wut« gesagt haben, fühlen Sie sich gleich stärker.

Zum Vergleich dazu, sagen Sie nun ohne den Körper angespannt zu halten: »öde«. Spüren Sie die Mattheit und Lustlosigkeit, die sich in Ihnen breit macht? Wiederholen Sie diese Übung nicht, sonst haben Sie keine Lust mehr für die nächsten Übungen.

Zum Abschluss sagen Sie mit leicht angespanntem Körper: »schön«.

■ Übung zu zweit: Die eine Mitspielerin geht auf die andere zu. Die andere sagt mit fester, klarer Stimme: »Halt!« und unterstützt die Aussage durch ihre Körpersprache. Die Laufende bleibt nur stehen, wenn der Befehl klar und überzeugend hervorgebracht wurde.

Diese Übung simuliert eine Stresssituation, in der die weibliche Stimme schnell nach oben rutscht, vielleicht sogar schrill wird. Ziel ist es, trotz Stress weder aggressiv noch zögerlich zu klingen, sondern bestimmt. Das ist gar nicht so einfach. Bei dieser Übung werden Sie sicher einige Stimmvarianten kennen lernen.

Probieren Sie schließlich noch folgende Übung – eine Stärkungsübung, die gerne in Selbstverteidigungskursen für Frauen eingesetzt wird.

■ Gehen Sie in Schrittstellung. Halten Sie den Rücken gerade. Schlagen Sie nun einen imaginären Ziegelstein in der Mitte durch. Dazu heben Sie einen Arm, atmen tief durch und lassen mit geballter Faust und Kampfschrei den Arm nach unten sausen. Der Kampfschrei könnte ein »Ha!«, »Ho!« oder »Kiai!« sein.

Signalisieren Sie Ihrer Partnerin bei dieser Übung, beispielsweise durch eine erhobene Hand: »Bis hierher und nicht weiter«.

Wählen Sie für Ihr Gespräch einen ruhigen Ort und den richtigen Zeitpunkt aus.

Die richtigen Rahmenbedingungen

Körper, Stimme und Wortinhalt können nur dann richtig wirken, wenn die Rahmenbedingungen stimmen. Straßenlärm kann die Aufmerksamkeit ebenso beeinträchtigen, wie fehlendes Tageslicht oder schlechte Beleuchtung. Schaffen Sie optimale Bedingungen. Sorgen Sie dafür, dass das Gespräch an einem Ort stattfindet, wo Ihre Rede gerne gehört wird und das Gespräch störungsfrei verläuft. Achten Sie auch auf den Zeitpunkt: Wenn alle schon hungrig nach dem siebten Tagesordnungspunkt dem Mittagessen entgegen fiebern, warten Sie mit ihren Ausführungen lieber bis zur nächsten Sitzung. Auch Ihr Image und Ihr sozialer Status können Einfluss darauf haben, welche Wirkung Sie erzielen. Kalkulieren Sie die Rahmenbedingungen mit ein!

Am besten erstellen Sie hierzu eine Checkliste:

GesprächspartnerInnen:

- Mit wem spreche ich? Ist es eine Person oder sind es mehrere?
- Welchen Status haben diese Personen?
- Welche Informationen habe ich über diese Personen und welche sind für das Gespräch von Bedeutung?
- Gibt es irgendetwas Besonderes, auf was ich achten sollte?

Ort:

- Wo kann das Gespräch stattfinden? Welches wäre der beste Ort?
- Wie ist der Raum beschaffen? Raumgröße, Licht, Mobiliar und Accessoires spielen eine Rolle. Je freundlicher der Raum, desto größer sind die Chancen auf eine positive Grundstimmung.
- Gibt es eine feste Tischordnung oder kann ich selbst bestimmen, wo wer sitzt? (Wenn Sie die Leitung des Gesprächs übernehmen möchten, setzen Sie sich an den Kopf eines Tisches. Wünschen Sie einen hierarchiefreien Rahmen, dann bevorzugen Sie einen runden Tisch und wollen Sie einen Konfliktgespräch mit einer anderen Person führen, setzen Sie sich über Eck.)

Zeitpunkt:

- Welcher Zeitraum kommt infrage?
- Welches ist der beste Tageszeitpunkt?
- Wie viel Zeit sollte ich einkalkulieren? Könnte ich auch überziehen?
- Biete ich ein Mineralwasser, einen Kaffee und eventuell Gebäck an?

Ihre Person:

- Was will ich mit dem Gespräch erreichen?
- Habe ich denselben Status wie meine GesprächspartnerInnen?
- Wie werde ich eingeschätzt?
- Gibt es mir gegenüber Vorurteile?

Kontext:

- Welche vorangegangenen Geschehnisse könnten die Gesprächsatmosphäre oder den Verlauf des Gesprächs beeeinflussen?

Klar denken – klar sprechen

Wenn wir nicht klar denken, können wir kaum klar sprechen. Denn erst die Klarheit im Kopf schafft Klarheit beim Reden. Sie kennen jetzt Ihr Ziel, haben genügend Selbstwertgefühl, um das Ziel zu vertreten und haben den 8-Punkte-Check für mehr Klarheit durchgearbeitet. Aber haben Sie auch eine positive Einstellung zu der Sache? Hoffentlich, denn das, was wir denken und fühlen, drückt sich nonverbal und verbal aus – und sei es nur in Nuancen.

Die sich selbst erfüllende Prophezeiung

Henry Ford brachte es auf den Punkt: »Es ist egal, ob Sie denken: ›Ich kann‹ oder ob Sie denken: ›Ich kann nicht‹. Sie haben jedesmal recht!« Besonders gut funktioniert die sich selbst erfüllende Prophezeiung in die negative Richtung. Wozu sollte ich das Wort ergreifen, wenn ich doch davon überzeugt bin, dass mir sowieso niemand zuhört?

Natürlich gibt es Situationen, in denen Hopfen und Malz verloren ist und wo es auch wenig bringt, dagegen anzukämpfen. Wenn Sie aber Klartext reden wollen, muss dies mit der optimistischen Erwartung geschehen, dass Sie gehört werden und dass Sie etwas ändern möchten. Sie müssen daran glauben, dass Sie bekommen, was Sie wollen!

Dazu brauchen Sie eine positive Einstellung:

- *zu sich selbst:* Sie haben das Vertrauen, dass Sie anhand eines realistischen Ziels und nach guter Vorbereitung Erfolg haben werden.
- *zu Ihren Mitmenschen:* Sie gehen davon aus, dass Ihre Mitmenschen es gut mit Ihnen meinen. Natürlich ist es wichtig, gegenüber habgierigen und selbstsüchtigen Menschen skeptisch zu sein. Doch es gibt viel mehr Menschen, die in guter Absicht mit Ihnen in Kontakt treten wollen.

> PessimistInnen sehen lieber, dass ihre negativen Prognosen bestätigt werden, als sich durch positive Erfahrungen überraschen zu lassen.

■ *zu den Dingen, die Sie umgeben und den Aufgaben, mit denen Sie betraut wurden:* Wenn Sie möchten, finden Sie an jeder Situation etwas Verkehrtes. »Oh nein, schon wieder Änderungen!«, oder: »Mensch, immer das Gleiche. Wie langweilig!«

Doch Sie können statt der Probleme auch die Herausforderungen und Chancen sehen, die eine Schwierigkeit mit sich bringt. Sie können sagen: »Spitze, ich darf ein neues Projekt leiten. Ich werde sicher wertvolle neue Erfahrungen sammeln.« Sie können aber auch sagen: »Nicht schon wieder! So viel Arbeit und der Termindruck, schrecklich!«

Sicher dürfen Sie auch einmal jammern oder einen schlechten Tag haben. Hier geht es aber um eine grundsätzlich positive Einstellung zum Leben und zu dem, was Ihnen darin widerfährt. Mit dieser Haltung werden Sie fast von allein eine klare, freundliche und motivierende Sprache sprechen.

Sie haben in Ihrem Leben immer drei Möglichkeiten:

■ Sie ändern die Situation.
■ Sie suchen sich ein neues Betätigungsfeld.
■ Sie ändern Ihre Einstellung.

So gehen Sie wertschätzend mit anderen um

Nicht unklar, sondern klar formulieren: Sagen Sie genau, was Sie meinen!

Welche Fragen Sie sich stellen, um klar, konkret und verständlich zu formulieren, wissen Sie längst vom 8-Punkte-Check (siehe Seite 62). Doch Frauen berauben sich manchmal selbst der Klarheit, indem sie sich sprachlich »klein« machen:

■ Frauen sprechen zu wenig in der Ich-Form. Sie sagen häufig »man sagt«, »man tut«, »man sollte mal«.

- Frauen benutzen öfter als Männer Füllwörter wie »vielleicht«, »ein bisschen«, »eigentlich«, »im Prinzip«.
- Frauen verwenden häufiger als nötig den Konjunktiv wie »könnte ich«, »dürfte ich«, »würde ich«.
- Frauen sagen: »ich habe das Gefühl«, wenn es nicht in den Kontext passt.
- Frauen können schlechter Komplimente annehmen als Männer.
- Frauen werten sich selbst ab. Sie sagen: »Ich habe Glück gehabt«, wenn sie Erfolg hatten. Männer hingegen sagen: »Ich habe Pech gehabt«, wenn etwas nicht funktioniert hat.
- Frauen sagen: »Ich bin ja nur Hausfrau«, Männer dagegen sind »Haushaltsmanager«.

Durch diese zaghaften Formulierungen spiegelt sich die innere unsichere Haltung von Frauen wider. Sprechen Sie in freundlichem Ton und lassen Sie andere Meinungen gelten. Doch sprechen Sie klar, indem Sie Füllwörter vermeiden und Konjunktive nur verwenden, wenn diese auch in den Kontext passen. Stehen Sie zu Ihren Leistungen, Ihrer Meinung und Ihren Bedürfnissen!

Handeln Sie!

Reden Sie nicht nur, sondern handeln Sie auch – und zwar so, wie Sie es angekündigt haben. Eine meiner Kursteilnehmerinnen berichtete: »Meine Chefin sagt von sich, sie sei eine Frau mit klarem Auftreten. Das ist sie auch: immer absolut und sehr klar in ihren Aussagen – nur jeden Tag anders!«

Wenn sich herausstellt, dass Sie nur reden, dann aber doch nichts tun, haben Sie bald Ihre Chancen verspielt und der Vertrauensvorschuss ist dahin. Doch Frauen brauchen sich darum nur wenig Gedanken zu machen: »Wenn du willst, dass geredet wird, dann frage einen Mann. Wenn du willst, dass etwas getan wird, dann frage eine Frau«, sagte Margaret Thatcher, die ehemalige Premierministerin von Großbritannien.

»Am Anfang war das Wort. In der Tat.«
(Bert Berkensträter)

Bringen Sie Probleme auf den Punkt

Anstatt zu sagen: »Du machst es immer verkehrt!« wäre es besser, zu erläutern, welche Folgen das Handeln nach sich zieht: »Wenn du die Unterlagen immer falsch einsortierst, finden wir sie nicht wieder.«
Anstatt zu sagen: »Sie haben recht, aber wir müssen noch überlegen ...«, wäre die Aussage klarer, wenn es hieße: »Sie haben recht, dass die Materialien sehr viel teurer geworden sind und wir sollten jetzt überlegen ...« Benutzen Sie statt »wir müssen« lieber »wir können«, »wir sollten« und »wir werden«. Vermeiden Sie auch das Wort »aber«. Es wird viel zu häufig benutzt und klingt nach Rechtfertigung. Dabei wird es auch dann gebraucht, wenn es gar keine Einschränkungen gibt. Schließlich noch ein letztes Beispiel: »Vielleicht komme ich morgen.« Klarer ist die Aussage: »Wenn Anita mich angerufen hat, kann ich sagen, ob ich morgen komme.«

Übung

Formulieren Sie die vorgegebenen Sätze und Begriffe in klare Aussagen um. Bleiben Sie dabei so nah wie möglich an den vorgegebenen Sätzen und verändern Sie nicht deren Sinn.

Ihre Lösungsvorschläge

1. »Ich versuche es mal.«   . . . .
. . . .

2. »Unsere neue Telefonanlage funktioniert nicht mehr.«   . . . .
. . . .
. . . .

3. »Das kann ich leider erst morgen erledigen.«   . . . .
. . . .

4. »Störe ich Sie gerade?«   . . . .
. . . .

5. »Kritikgespräch«   . . . .

Lösungsvorschläge

Zu 1: »*Ich werde bis* …« Lassen Sie sich kein Hintertürchen offen. Es ist ganz klar, dass Sie es tun werden.

Zu 2: »*Unsere neue Telefonanlage funktioniert nicht mehr. Kannst Du Dich bitte um die Reparatur kümmern?*« Sagen Sie, wie die Situation ist und dann, was Sie wollen.

Zu 3: »*Heute geht es nicht mehr. Doch bis morgen ist es erledigt.*« So klingt es doch nicht nur konkreter, sondern auch viel positiver.

Zu 4: »*Haben Sie gerade Zeit für mich?*« Das Wort »stören« zeigt Ihre innere Einstellung. Sie möchten aber nicht jemanden stören, sondern Zeit zugestanden bekommen.

Zu 5: »*Klärungsgespräch*«. Ein Klärungsgespräch will klären und es nicht bei der Kritik belassen.

Schaffen Sie positive Gefühle!

In unserem Sprachschatz gibt es viele negativ besetzte Wörter und Redewendungen. Zu vieles ist ein »Problem« statt eine Chance oder eine Herausforderung. Prüfen Sie jedoch in der jeweiligen Situation, ob die positive Formulierung passend oder eher unpassend ist. Vorsicht auch mit beschönigenden Worten. Machen Sie aus einer Müllkippe keinen Entsorgungspark und aus Rationalisierungsmaßnahmen keine Ressourcen. Dann ist die Formulierung zwar positiv, aber unklar und verschleiert die Tatsachen.

Die meisten Aussagen lassen sich jedoch viel besser positiv formulieren; etwa so: »Der Laden hat bis 18 Uhr geöffnet«, statt: »Der Laden hat bereits ab 18 Uhr geschlossen«. Programmieren Sie sich nicht auf: »Ich will nicht mehr rauchen«, denn unser Gehirn kann Negativ-Botschaften nicht verarbeiten. Denken Sie dagegen: »Ich will wieder tief durchatmen können!«

Vermeiden Sie Sätze wie: »Kein Problem, erledigen wir für Sie.« Wenn man das einige Male gehört hat – so entgegenkommend es auch ge-

Signalisieren Sie Ihren GesprächspartnerInnen, dass Sie ein persönliches Interesse daran haben, dass sich die Situation ändert.

»Es gibt Worte, Wörter, Schlag-
wörter und Totschlagwörter.«
(Ernst Ferstl)

meint ist – bleibt doch der Eindruck bestehen, es könnte problematisch werden. »Denk bloß nicht wieder an deine Miesen auf dem Konto« – welch deprimierender Satz! Wie klingt denn: »Denk daran, wie du dein Konto wieder aufstocken kannst«? Jetzt ist der Satz positiv, zukunfts- und handlungsorientiert!

Sagen Sie nicht: »Dagegen habe ich einen Einwand!«, denn dann werden alle aufhorchen und in Hab-Acht-Stellung gehen. Wie wär's denn, wenn Sie stattdessen sagen: »Ich schlage vor, zu überlegen, ob ...« Sie werden merken, Ihre Chancen auf Erfolg sind im Vergleich zum vorherigen Satz deutlich gestiegen.

Übung

Jetzt sind Sie wieder dran. Versuchen Sie, die negativ formulierten Sätze in positive Sätze und Begriffe umzuwandeln.

Ihre Lösungsvorschläge

1. »Das Glas ist schon halb leer.«
   . . . .
   . . . .

2. »Ich kann das nicht.«
   . . . .
   . . . .
   . . . .

3. »Kommt nicht zu spät zur Schule!«
   . . . .
   . . . .

4. »Schade, dass Sie nicht noch mehr Umsatz gemacht haben.«
   . . . .
   . . . .
   . . . .

5. »Ich weiß nicht, wie ich Ihnen weiterhelfen soll.«
   . . . .
   . . . .

6. »Nie räumst du dein
   Zimmer auf.«

   . . . .
   . . . .
   . . . .

7. »Das geht nicht.«

   . . . .
   . . . .

Lösungsmöglichkeiten

Zu 1: »*Das Glas ist noch halb voll.*« Mit dem halbvollen Glas zeigen Sie, dass Sie eine positive Einstellung haben. Sie sehen, was Sie haben und nicht, was Sie nicht haben.

Zu 2: »*Bisher konnte ich es nicht. Wenn ich es können will, werde ich mich darum kümmern, dass …*« Sie dürfen es sagen, wenn Sie etwas nicht können oder nicht wissen. Doch wenn Sie es können möchten, setzen Sie dies sofort in einen Plan um.

Zu 3: »*Seht zu, dass ihr rechtzeitig in der Schule seid!*« So programmieren Sie Kinder darauf, nicht zu spät, sondern pünktlich in der Schule zu erscheinen.

Zu 4: »*Sie haben guten Umsatz gemacht. Nächstes Jahr erwarte ich von Ihnen eine Steigerung.*« Trennen Sie zwei voneinander unabhängige Aussagen.

Zu 5: »*Im Moment kann ich Ihnen nicht weiterhelfen. Frau Müller kennt sich aber aus. Ihre Telefonnummer ist …*« Sagen Sie es, wenn Sie etwas nicht wissen. Geben Sie einen Ratschlag, an wen sich die Person wenden kann.

Zu 6: »*Du räumst sehr selten dein Zimmer auf. Man sieht, Wühlmäuse fühlen sich wohl in deiner Umgebung.*« Kritisieren Sie mit Humor. So bringen Sie Ihr Gegenüber zum Lachen und auch zum Nachdenken.

Zu 7: »*Gerade sehe ich hierzu keine Lösung. Wir schauen, was sich machen lässt, und ich melde mich dann.*« Sie signalisieren damit Initiative und Hilfsbereitschaft. Ein bloßes: »Das geht nicht« klingt sehr endgültig und abweisend.

> »Ein Wort ist wie eine Hülle. Erst wenn man es enthüllt, erkennt man die ›wahre‹ Bedeutung.«
> (Stefan Radulian)

Nennen Sie es beim richtigen Namen!

Unsere Sprache ist eine Männersprache: Auch Frauen schlafen in einem Ein-Mann-Zelt, sind Bürger der Stadt und Teilnehmer im Seminar. Es gibt die Väter des Grundgesetzes, obwohl auch Frauen daran beteiligt waren und wir teilen brüderlich, auch mit der Schwester. Es gibt den Familienvater, nicht aber die Familienmutter. Doch es gibt die Karrierefrau und nicht den Karrieremann.

Ein Sprachgebrauch, der nicht sagt, was er meint, ist unklar. Schlimmer ist aber die sprachliche Diskriminierung der Frauen. Viele Frauen und Männer wehren sich gegen diese Sprache, die Frauen ausgrenzt. Deswegen sprechen sie integrativ oder formulieren um: Statt »die Bewerberin« und »der Bewerber« heißt es dann »die Bewerbenden«. Achten Sie darauf, keine Abwertungen zu gebrauchen – weder sexistische noch rassistische. So hören es türkische MitbürgerInnen nicht gern, wenn Sie davon erzählen, wie Sie vor einiger Zeit »getürkt« wurden.

Oftmals fällt uns gar nicht auf, was wir eigentlich sagen. Beispielsweise bei dem Wort »Bombenstimmung« denken wir eher an Partylaune als an eine Bombe. Doch wir vermeiden Fettnäpfchen, wenn wir uns der Bedeutung und Herkunft unserer Sprache bewusst sind.

> **Überprüfen Sie alles, was Sie sagen wollen, nach diskriminierenden Wörtern und streichen Sie diese aus Ihrem Wortschatz.**

Übung

Versuchen Sie die vorgegebenen Begriffe und Sätze umzuformulieren. Entweder sollen beide Geschlechter gleichgestellt benannt oder eine neutrale Formulierung verwendet werden.

Ihre Lösungsvorschläge

1. »Familie Egon Müller«   . . . .
. . . .

2. »Professor Klein und   . . . .
seine Gemahlin«   . . . .
. . . .

3. »Wer zahlt, der hat auch
mitzureden.«

. . . .

. . . .

. . . .

4. »Keiner darf wegen seines
Geschlechts benachteiligt
werden.«

. . . .

. . . .

. . . .

. . . .

5. »Herr Müller ist Aufsichtsratsvorsitzender, seine
Frau arbeitet halbtags.«

. . . .

. . . .

. . . .

. . . .

6. »Emanze; Karrierefrau«

. . . .

. . . .

Lösungsvorschläge

Zu 1: »*Familie (Liese und Egon) Müller*«: Es ist nicht seine Familie, sondern die beiden haben eine Familie gegründet.

Zu 2: »*Frau Klein und Herr Professor Klein*«: Nennen Sie die Frau ruhig einmal zuerst – und das mit Namen.

Zu 3: »*Wer zahlt, hat auch mitzureden.*« Wenn Sie »der« weglassen, schaffen Sie im Kopf Platz für sie und ihn.

Zu 4: »*Niemand darf wegen des Geschlechts benachteiligt werden.*« »Keiner« bezieht sich auf Männer, »niemand« dagegen ist geschlechtsneutral.

Zu 5: »*Frau Müller ist Ingenieurin, Herr Müller ist Aufsichtsratsvorsitzender.*« Achten Sie im Alltag mal darauf, über welche Kriterien die Ehefrau und der Ehemann definiert werden. Sie wird über andere Kriterien definiert als er, und das manches Mal zu ihrem Nachteil.

Zu 6.: »*frauenpolitisch engagierte oder selbstbewusste Frau*«: je nachdem auf was sich Emanze bezieht; »*beruflich erfolgreiche Frau*«, denn Karrierefrau impliziert häufig schlechte Ehefrau oder Rabenmutter.

> **Wenn Sie integrativ sprechen, sprechen Sie klar und korrekt! Sie treten niemandem auf die Füße und Sie unterstützen die Frauen!**

Drei Schritte zur klaren Argumentation

Um klar zu argumentieren, brauchen Sie eine klare Struktur und, ganz wichtig, stichhaltige und überzeugende Argumente.

Ein Argument besteht aus:

- einer Behauptung
- einer Begründung und
- eventuell einem Beleg

Ein Beispiel dazu: Sie behaupten, ein gutes Argument muss nachvollziehbar sein. Sie begründen, dass ein Argument nur überzeugt, wenn es auch nachvollziehbar ist. Sie belegen, dass auch Sie kein Argument überzeugt, das Sie nicht nachvollziehen können.

Sagen Sie Ihre Meinung

Nur wenn Sie Ihr Anliegen klar umreißen, Ihre Bitte deutlich formulieren oder Ihre Forderung mit Nachdruck stellen, haben Sie die Chance, dass in Ihrem Interesse gehandelt wird. Sonst nicht!

So vertreten Sie die eigene Meinung mit Struktur:

- Meinung sagen
- Meinung begründen
- Schlussfolgerung ziehen

Wenn Sie etwas erreichen wollen, müssen Sie versuchen, auch andere für Ihre Idee zu begeistern.

Wiederum ein Beispiel. Sie machen den folgenden Vorschlag: »Ich finde, wir sollten im Büro jeden Nachmittag mindestens eine Viertelstunde Energieübungen machen.« Sie begründen diesen Vorschlag folgendermaßen: »Ab Mittags geht es mit meiner Energie immer steil bergab. Ich bin völlig müde und schlapp. Das geht euch doch sicher auch so.« Dann ziehen Sie die Schlussfolgerung: »Wenn wir eine Viertelstunde Übungen machen, dann fühlen wir uns hinterher viel besser und arbeiten viel produktiver. Wenn wir wieder fit sind, holen wir die investierte Zeit prima wieder rein.«

Wenn Sie wollen, können Sie Ihr Anliegen noch ergänzen, indem Sie mit einer Einleitung beginnen: »Ich bin mittags immer so müde. Ich finde, wir sollten ...«, und mit einem Appell enden: »Deswegen helft mit, unser Übungsprogramm regelmäßig durchzuziehen!«
Je unmittelbarer Ihr Beitrag kommt, umso wichtiger ist eine Einleitung. Ein Appell unterstreicht noch einmal Ihr Anliegen.

Äußern Sie Ihre Bitten

Formulieren Sie Bitten immer direkt, indem Sie:
- die Bitte äußern
- die Bitte begründen
- nachfragen

Beispiel: Sie äußern Ihrer Chefin gegenüber die Bitte, dass Sie gerne als neue Abteilungsleiterin vorgeschlagen werden möchten. Sie begründen dies damit, dass Sie sich um diese Stelle beworben haben und sich diesen Job wünschen. Es wäre daher toll, wenn sie auch noch eine persönliche Empfehlung aussprechen würde. Abschließend fragen Sie nach, ob sie das für Sie tun wird.

Stellen Sie Forderungen

Fordern Sie ein, was Ihnen zusteht, indem Sie:
- die Forderung stellen
- die Forderung begründen
- Maßnahmen benennen

Beispiel: »Ich möchte, dass wir unsere Arbeit im Haushalt in Zukunft gerecht aufteilen!« Als Begründung führen Sie an, dass schließlich beide den ganzen Tag arbeiten. Dennoch machen Sie zu Hause das Meiste, während Ihr Partner schon auf der Couch liegt. Das wollen Sie nicht mehr. Benennen Sie Maßnahmen: »Deswegen möchte ich mit dir einen Plan erstellen, wer welche Aufgaben übernimmt.«

Auch wenn sich alte Gewohnheiten nicht von heute auf morgen ändern lassen: Bleiben Sie am Ball und stehen Sie zu Ihren Forderungen.

Probieren Sie es selbst:

- Ihre Chefin geht häufiger außer Haus, ohne Ihnen vorher Bescheid zu geben. Dadurch sind Sie schon mehrmals in unangenehme Situationen geraten. Sie fordern von ihr, Sie zukünftig darüber zu informieren.
- Ihr Chef kritisiert Sie wegen Ihres ihm nicht verständlichen Ablagesystems. Sie kommen jedoch gut damit zurecht und möchten das System gerne beibehalten. Sie bitten ihn, die Ablage nach Ihren Vorstellungen abwickeln zu dürfen.
- Eine Ihrer KollegInnen kritisiert Ihren Umgang mit den MitarbeiterInnen vom Außendienst. Sie wären ihnen gegenüber unhöflich und unkooperativ. Sie selbst finden das nicht. Sagen Sie Ihrer Kollegin Ihre Meinung.

Und? Hat es geklappt? Bestimmt!

Das wohlwollende »Nein«

Frauen neigen dazu, jede Bitte erfüllen zu wollen. Das geht mir selbst auch so. Egal ob mich eine Freundin beim Umzug braucht, eine Kundin sofort einen Termin wünscht, meine Tochter noch ein drittes Mal Mensch-ärgere-dich-nicht spielen will: »Nein« zu sagen fällt mir oft schwer, weil ich so gerne gefallen will und manchmal auch, weil ich Angst davor habe, Missmut auszulösen.

Jede Bitte, die an uns herangetragen wird, hat ja einen Grund, meistens sogar einen legitimen. Lehnen wir nun diese Bitte ab, fühlen wir uns zu wenig hilfsbereit und unkollegial. Um Schuldgefühle zu vermeiden, sagen wir schließlich »Ja« oder drücken uns, indem wir Ausflüchte und Notlügen vorschieben. Das Ergebnis ist, dass wir uns unsicher und unehrlich fühlen.

Je häufiger wir Dinge tun, die wir eigentlich gar nicht tun möchten und je öfter wir nach Ausflüchten suchen, desto schlechter fühlen wir uns. Tun Sie sich das nicht an!

> »Nein« zu sagen, fällt besonders Frauen schwer. Das Ergebnis ist, dass wir uns unsicher und unehrlich fühlen.

> Lernen Sie »Nein« zu sagen! Im Klartext! Sie können es ohnehin nicht allen recht machen. Wenn Sie sich stets nach den Wünschen anderer richten, vernachlässigen Sie sich selbst. Wenn Sie »Nein« sagen, lehnen Sie nur eine Bitte oder Forderung ab. Sie weisen nicht die ganze Person zurück. »Nein« sagen heißt, die eigenen Bedürfnisse geltend zu machen!

Wenn Sie einer Bitte entsprechen können, ohne dass Sie dafür andere Aufgaben oder Wünsche vernachlässigen müssen, ist das natürlich in Ordnung. Jede Frau ist gelegentlich auf Unterstützung angewiesen, auch Sie selbst. Doch wenn Sie selbst in Not kommen, sollten Sie sich klar abgrenzen. Denn sonst werden immer mehr Bitten an Sie herangetragen und Sie werden irgendwann ausgenutzt.

Wie können Sie nun »Nein« sagen, ohne dass andere Sie ablehnen, weiter nachbohren oder Sie als unkooperativ ansehen?

Denken Sie an sich selbst und Ihre eigenen Bedürfnisse: Nehmen Sie sich wichtig genug und schlagen Sie auch einmal eine Bitte aus.

»Nein« sagen ohne Schuldgefühle
Folgende Schritte führen zum Ziel:
- Auf die Bitte direkt »Nein« sagen, um keine falschen Hoffnungen zu wecken.
- Das »Nein« begründen, um die Ablehnung verständlich zu machen.
- Ein Angebot machen, indem Sie eine Alternative aufzeigen.

Ein Beispiel: »Nein, ich möchte nicht mit zu deinen Eltern fahren. Das würde bedeuten, dass ich auf mein komplettes freies Wochenende verzichten müsste und das möchte ich nicht. Ich fahre jedoch gerne in den nächsten Ferien für zwei Tage mit dir zu ihnen.«

Wenn Ihnen das »Nein« einfach nicht über die Lippen kommt oder ein »Ja« mit Einschränkung angemessen erscheint, dann sagen Sie »Ja« und klären Sie, unter welchen Umständen Sie die Bitte erfüllen würden. »Ja, ich komme gerne mit zu deinen Eltern. Allerdings möchte ich sie nicht an diesem Wochenende, sondern in den Ferien besuchen.«

Übung

Üben Sie das »Nein«-Sagen in drei Schritten:

■ Schon wieder scheint im Verein niemand außer Ihnen Zeit dafür zu haben, um die Tombola zu organisieren. Sie wollen es in diesem Jahr aber nicht machen.

■ Sie werden gebeten, den Kaffee zu einer Besprechung bereit zu halten. Das Kaffeekochen gehört aber nicht zu Ihren Aufgaben. Sie haben schon einmal gesagt, dass Sie das Kaffeekochen nicht mehr übernehmen möchten.

■ Ein Kollege erwartet einmal mehr, dass Sie Kopierarbeiten für ihn übernehmen. Sie haben jedoch heute wirklich keine Zeit dafür.

Das abgrenzende »Nein«

In vielen Fällen genügt das wohlwollende »Nein«. Manchmal sind wir jedoch auch aufgefordert, ein klares »Nein« der Abgrenzung zu äußern. Zum Beispiel dann, wenn:

■ wir unverschämten Forderungen begegnen
■ unsere Grenzen überschritten werden
■ jemand versucht, uns über den Tisch zu ziehen
■ uns jemand ungewollt auf die Pelle rückt
■ wir mit ständigem Nörgeln konfrontiert werden
■ jemand es immer besser weiß
■ jemand nur an sich denkt und keine Rücksicht auf uns nimmt
■ jemand uns geringschätzig und unfreundlich behandelt

Mit manchen Leuten haben wir so viele schlechte Erfahrungen gemacht, dass schon der Name genügt, damit sich bei uns die Nackenhaare aufstellen. NörglerInnen, BesserwisserInnen und EgoistInnen machen uns das Leben schwer. Sie fordern zu viel, machen Witze auf anderer Leute Kosten und sind beleidigend. Diese Menschen schaden uns und unserem Selbstwertgefühl.

Begegnen Sie solchen Verhaltensweisen mit einem klaren »Nein«. Zuerst innerlich, indem Sie sich bewusst abgrenzen und davor schützen. Hilfreich ist es, sich einen energetischen Schutzwall um sich herum vorzustellen, um damit die negativen Energien der anderen nicht so nah an sich heranzulassen.

Der imaginäre Schutzwall sollte Sie mindestens einen Meter umgeben. Visualisieren Sie diesen Schutzwall mit einer für Sie angenehmen Farbe. Grenzen Sie sich nun auch verbal ab, zum Beispiel so: »Wenn du so bist, dann möchte ich nicht mehr mit dir zusammenarbeiten oder zusammensein.«

Bereiten Sie sich gut vor, damit Sie nicht im letzten Moment noch einen Rückzieher machen. Bestens dafür geeignet ist folgende Übung (Seite 90): Stellen Sie sich hin, ballen Sie Ihre Hände zu Fäusten, spannen Sie den Körper an und sagen Sie mit kraftvoller Stimme mehrmals »Wut«. Dann sollten Sie genau in der richtigen Stimmung sein, Tacheles zu reden.

Lassen Sie sich auch nicht mit Fragen oder Forderungen überrumpeln! Kein Mensch kann Sie zwingen, sofort zu reagieren. Sagen Sie, dass Sie Bedenkzeit brauchen und morgen Bescheid geben. In dieser Zeit machen Sie Stimm- und Körperübungen, die Sie stärken. Stellen Sie sich beispielsweise hin und sagen Sie mehrmals hintereinander ein kraftvolles »Nein!«.

> **Fühlen Sie sich einer Situation im Augenblick nicht gewachsen, erbitten Sie sich eine Auszeit und vertagen Sie das Gespräch auf später.**

Wenn Sie eine problematische Beziehung retten wollen oder Sie gezwungen sind, in irgendeiner Weise zu kooperieren, dann überlegen Sie auch: Durch welches Verhalten tragen Sie dazu bei, dass andere Dinge mit Ihnen machen, die Sie nicht wollen? Versuchen Sie, die Situation positiv zu sehen. Sehen Sie den Umgang mit schwierigen Menschen als Herausforderung. Wenn ein Kontakt noch möglich ist, führen Sie Gespräche, die konstruktiv sind und Sie weiterbringen. Dabei helfen neben dem Wissen um die Voraussetzungen (Seite 33 ff.) und der Checkliste für konstruktive Klärungsgespräche (Seite 111 ff.) auch die folgenden kinesiologischen Übungen.

Übungen aus der Kinesiologie

Diese Übungen fördern eine bessere Ausdrucksfähigkeit und klare Kommunikation, aktives Zuhören und konstruktives Kritisieren. Führen Sie alle Übungen im Stehen durch.

Bauch-Atmen

Die richtige Atemtechnik entspannt das Zentralnervensystem, erhöht Ihr Energieniveau und macht Sie lockerer – gerade in angespannten Situationen.

So geht's: Legen Sie die Hände auf den Bauch. Atmen Sie in kurzen, gehauchten Atemstößen durch den Mund aus (als wollten Sie damit eine Feder in der Luft halten), bis sich die Lungen leer anfühlen.

Atmen Sie dann tief ein und füllen Sie den Bauch unter Ihren Händen wie einen Ballon mit Luft.

Wenn Sie dabei das Becken nach vorne kippen und den unteren Teil der Wirbelsäule leicht vorwärts wölben, können Sie noch mehr Luft einatmen. Dann atmen Sie langsam und vollständig aus.

Wiederholen Sie dieses Aus- und Einatmen in einem natürlichen Rhythmus für mindestens drei Atemzüge.

Energie-Gähnen

Diese Übung verbessert Ihre Ausdrucks- und Kommunikationsfähigkeit, macht Sie kreativer und konstruktiver.

Sie verstärken die Wirkung des Energie-Gähnens, wenn Sie die Übung vor einem weit geöffneten Fenster machen.

So geht's: Beginnen Sie zu gähnen und drücken Sie dabei mit den Fingerspitzen beider Hände leicht auf alle Stellen, die sich angespannt und verkrampft anfühlen: den Bereich der Wangen über den hinteren Backenzähnen, entlang der vom Ober- zum Unterkiefer verlaufenden Kaumuskulatur.

Geben Sie einen tiefen, entspannten Gähnton von sich, während Sie alle Verspannungen sanft wegstreichen. Wiederholen Sie das Energie-Gähnen mindestens dreimal.

Liegende Acht

Diese Übung fördert Ihre mentale Aktivität und hilft dabei, sich klare Ziele zu setzen.

So geht's: Strecken Sie einen Arm gerade nach vorn, den Daumen nach oben. Zeichnen Sie mit dem Daumen langsam und fließend eine große liegende Acht in die Luft. Richten Sie Ihren Blick dabei auf den Daumen und halten Sie (bei entspanntem Nacken) Ihren Kopf gerade, das Gesicht nach vorn, sodass der Kopf nur leicht der Bewegung folgt.

Beginnen Sie mit dem Zeichnen auf der Körpermittellinie und in Augenhöhe. Bewegen Sie Ihren Arm zuerst aufwärts zur linken Seite, dann im Bogen zurück zur Mitte und weiter zur rechten Seite. Zeichnen Sie drei komplette Achten mit einer Hand, dann drei weitere mit der anderen und abschließend drei mit gefalteten Händen.

> **»Die Kultur der Ruhe steigert auch die Geistesgegenwart.«**
> **(Prentice Mulford)**

Die Kunst der konstruktiven Kritik

Kritisierende Gespräche werden geführt, um etwas zu klären oder zu verbessern. Aus diesem Grund bevorzuge ich die Bezeichnung Klärungsgespräch. Sie ist klarer und positiver. Die meisten Frauen führen diese Gespräche ungern: Sie kritisieren ungern und werden ungern kritisiert. Dabei ist Kritik eine Chance, sich weiter zu entwickeln und Klärungsgespräche sind oft sogar eine Chance zur Festigung einer Beziehung.

Konstruktive Klärungsgespräche

Die Voraussetzungen für konstruktive Klärungsgespräche sind folgende:

- Sie haben eine positive oder zumindest neutrale Grundhaltung und sind offen für positive Überraschungen.
- Sie schätzen sich selbst. Sie lassen es nicht zu, dass Sie jemand schlecht behandelt, Sie anschreit oder beschimpft.
- Sie schätzen Ihre GesprächspartnerInnen.
- Sie bleiben freundlich und angemessen höflich.
- Sie akzeptieren Gefühle. Ihre eigenen und die der anderen, auch wenn sie Ihnen »unberechtigt« erscheinen, denn Gefühle sind immer wahr.
- Sie hören aktiv zu, stellen Fragen und denken mit. Durch eine zugewandte Haltung, Blickkontakt, Kopfnicken und »Bestätigungstöne« zeigen Sie, dass Sie zuhören.

Um ein Klärungsgespräch konstruktiv zu gestalten, sollte die Kritisierende sachlich und ruhig bleiben.

Der richtige Ton

Kritisieren Sie andere so, wie Sie selbst kritisiert werden möchten! Sagen Sie die Dinge, die Sie anderen sagen möchten, einmal im Stillen zu sich selbst. Dann fällt Ihnen am ehesten auf, ob Ihre Worte verletzende Formulierungen enthalten. Natürlich gibt es Menschen, die schon bei der geringsten Kritik zusammenbrechen – für diejenigen formulie-

Bevor Sie andere kritisieren, fragen Sie sich immer erst, wie Sie selbst auf die Kritik reagieren würden.

ren Sie etwas vorsichtiger. Aber es gibt auch Menschen mit dickem Fell, bei denen Sie sehr deutlich werden müssen, da die Kritik sonst an ihnen abprallt. Passen Sie sich an, doch nur soweit, wie Sie es mit Ihren eigenen Werten und Vorstellungen vereinbaren können.

Der beste Zeitpunkt

Reagieren Sie mit Kritik so schnell wie möglich. Tragen Sie Argumente nicht zu lange mit sich herum und lassen Sie nicht zu viele Kritikpunkte zusammenkommen!

Wählen Sie jedoch einen Termin für das Gespräch, an dem alle TeilnehmerInnen genügend Zeit mitbringen und an dem Ihr Gegenüber für Kritik aufnahmefähig ist – denkbar ungeeignet ist ein Tag, an dem dringend eine Messe vorbereitet werden muss und alle Kopf stehen!

Kritik vorbereiten

Bevor Sie mit Ihrer Kritik loslegen, überlegen Sie, ob Sie das unkorrekte Verhalten anderer in irgendeiner Weise mit zu verantworten haben. Waren Ihre Anweisungen korrekt? Haben Sie sich provozierend verhalten?

Trennen Sie Mutmaßungen von Tatsachen. Unterstellen Sie nicht Dinge, die Sie nicht genau wissen. Bereiten Sie sich auf das Gespräch am besten schriftlich vor.

Der Einstieg in das Gespräch

Beginnen Sie mit einem positiven Gesprächseinstieg – zum Beispiel mit einem freundlichen »Gut, dass Sie sich Zeit genommen haben«. Bei persönlichen und heiklen Gesprächen müssen Sie eine längere Anlaufzeit zu Beginn des Gespräches einkalkulieren, etwa: »Ich möchte gerne über etwas Persönliches mit dir reden. Mir fällt es schwer, dich darauf anzusprechen, doch ich finde es fair, es dir zu sagen. Mir ist aufgefallen, dass du in der letzten Zeit nach Schweiß riechst. Ist dir das auch schon aufgefallen?« Signalisieren Sie Kooperationsbereitschaft.

Kritikpunkte ansprechen

Überlegen Sie sich Ihre Kritikpunkte klar und eindeutig im Voraus. Sprechen Sie nicht in Du-Botschaften, sondern in Ich-Botschaften. Statt: »Bist du schlampig! Sogar deine Klamotten wirfst du mir aufs Bett«, formulieren Sie besser: »Es stört mich, wenn du deine Klamotten auf mein Bett wirfst. Bitte lege sie woanders hin.«

Da Ich-Botschaften besonders wichtig sind, noch ein Beispiel. Statt: »Du kommst immer zu spät!«, sagen Sie besser: »Ich finde es ärgerlich, wenn du häufig zu spät kommst!« Noch besser ist es, wenn Sie Ihre Aussage begründen und mit einer bestimmten Bitte untermauern: »Ich finde es ärgerlich, wenn du so häufig zu spät kommst, weil wir nicht pünktlich mit der Besprechung anfangen können. Bitte komm' in Zukunft pünktlich.«

> »Der unfähige Kritiker verrät sich, wenn er anfängt, den Dichter statt des Gedichts zu besprechen.«
> (Ezra Loomis Pound)

Beziehen Sie Ihre Kritik immer nur auf ein bestimmtes Verhalten oder eine bestimmte Leistung. Kritisieren Sie nie die ganze Person! Eine pauschale Abwertung kann nicht zu einer konstruktiven Auseinandersetzung führen.

Benennen Sie Kritikpunkte so konkret wie möglich und nur so ausführlich wie nötig. Denken Sie dabei auch an den 8-Punkte-Check für mehr Klarheit (siehe Seite 62).

Formulieren Sie positiv!

Vermeiden Sie Pauschalisierungen, wie »Du bist immer …«, »Sie machen nie …«, »Du kannst das sowieso nicht!«.

Nennen Sie immer alles – wenn auch behutsam – beim Namen. Gehen Sie nicht davon aus, dass andere es erraten oder gar spüren können, was Sie meinen.

Indirektheit führt wahrscheinlich nicht weit. Bei schwierigen und persönlichen Themen wie Schweißgeruch oder Krankheit sollten Sie aber auch nicht gleich mit der Tür ins Haus fallen. Formulieren Sie Ihre Sätze auf keinen Fall abwertend. Bleiben Sie in Ihrer Sprache dennoch klar und konkret.

Das Gespräch beenden

Besprechen Sie Auswirkungen und Konsequenzen des kritisierten Verhaltens. Erarbeiten Sie gemeinsam konstruktive Lösungen oder bieten Sie Lösungen an. Am besten jedoch ist es, von anderen Lösungsmöglichkeiten zu erfragen. Denn diese haben die besten Chancen, tatsächlich umgesetzt zu werden.

Legen Sie viel Wert auf einen positiven Abschluss des Gesprächs. Betonen Sie die Wichtigkeit Ihrer Zusammenarbeit oder Ihrer Freundschaft.

Rückblick: Martinas Gespräch mit Judith

Martina aus der Krisenberatungsstelle hat das Gespräch mit Judith geführt. Vielleicht denken Sie, dass Martina nichts zu verlieren hatte, da Judith ohnehin gehen sollte. Stimmt nicht, Martina hatte etwas zu verlieren, denn die anderen Kursmitglieder verfolgten ganz genau, was zwischen den beiden vor sich ging und hätten Partei für Judith ergreifen können. Im Folgenden wird das Gespräch in einer Kurzfassung wiedergegeben.

Wie es zum Konflikt zwischen Martina und Judith kam, lesen Sie auf Seite 33 ff.

M: »Hallo Judith, schön dass du dir in dieser Woche noch Zeit genommen hast. Ich hole uns schnell noch einen Kaffee. Du nimmst doch viel Milch, oder?«

J: »Mensch, jetzt mach doch nicht so ein Brimborium. Ich merke doch, dass was los ist. Rück raus damit!«

M: »Lass uns bitte erst mal Platz nehmen. Ich möchte jetzt trotzdem einen Kaffee.«

J: »Himmel, machst du's aber umständlich!«

M: »Gut, ich habe dich um das Gespräch heute gebeten, weil ich deine Mitarbeit als Krisenberaterin als zu problematisch empfinde.«

J: »Wie bitte? Zu problematisch? Ich glaub, ich werd' nicht wieder! Hör mal, ich power' hier rein ohne Ende!«

M: »Judith, es ist mir wichtig, dir zu sagen, wie sehr ich deine Kraft und Energie schätze, mit der du dich hier reingekniet hast. Du hast wirklich eine Menge geleistet! Aber ich empfinde die Zusammenarbeit mit dir als schwierig und sehr belastend.«

J: »Du bist doch bloß sauer auf mich, weil ich dich neulich kritisiert habe.«

M: »Mich hat deine Kritik tatsächlich sehr verletzt, weil ich sie als unfair und unbegründet empfand. Aber der springende Punkt ist nicht, dass es mich persönlich gekränkt hat. Ich möchte, dass unsere MitarbeiterInnen sensibel und einfühlsam mit anderen Menschen umgehen. Ich erlebe dich als überwiegend unreflektiert. Ich habe das Gefühl, du empfindest uns als KonkurrentInnen. Vieles, was du sagst, beinhaltet Abwertungen. Ich möchte aus diesem Grund im Rahmen unserer Beratungsstelle nicht länger mit dir zusammenarbeiten.«

J: »Deine Beurteilung verletzt mich sehr, Martina. Ich möchte wirklich gerne hier mitarbeiten. Und dass ich hier ein paar Dinge kritisiere, halte ich für mein gutes Recht. Klar weiß ich auch, dass ich mit einigen Sachen Probleme habe. Ja, irgendwie erinnert mich das an früher. Da bin ich ganz oft abgelehnt worden.«

M: »Das tut mir sehr leid für dich. Ich glaube, das weißt du auch. Denn die Entscheidung ist mir gerade deswegen auch so schwer gefallen. Ich bin nun mal für die optimale Betreuung unserer KlientInnen verantwortlich. Ich bedauere es sehr, mit dir eine so engagierte Mitarbeiterin zu verlieren, denke aber, dass meine Entscheidung aus den genannten Gründen richtig ist. Vielleicht sieht ja alles in zwei Jahren anders aus. Möglicherweise können wir uns dann noch einmal zusammensetzen. Kannst du dir das vorstellen?«

J: »Martina, ich würde wie gesagt gerne hier mitarbeiten. Aber ich muss wohl deine Entscheidung akzeptieren. Ob ich mich in zwei Jahren noch mal hier vorstellen will, weiß ich noch nicht. Trotzdem danke für dein Angebot.«

M: »Ja, gerne. Judith, ich wünsche dir alles Gute, und dass du bald für dich das Richtige findest. Es würde mich freuen, wenn wir uns in zwei Jahren wiedersehen.«

> »Berechtigte Kritik ist eine wertvolle Hilfe zur Selbstvervollkommnung.«
> (Joseph Murphy)

Kommunikationsregeln für ein besseres Miteinander

Hat Martina ihre Ziele erreicht? Ja! Sie hat deutlich gesagt, was sie möchte und was die Konsequenz daraus ist. Sie ist mit Judith wertschätzend umgegangen. Judith hat auf den positiven Umgang mit Zugänglichkeit und Selbstkritik reagiert – und das war, sagt Martina, für Judith ungewöhnlich.

Martina hat sich an die Kommunikationsregeln für konstruktive Klärungsgespräche gehalten, die ich Ihnen nun anhand von Martinas Gespräch erläutern will.

Beachten Sie:
– eine klare Zielsetzung und innere Standhaftigkeit
– den 8-Punkte-Check für mehr Klarheit
– einen klaren, positiven und integrativen Sprachgebrauch
– die Checkliste für ein konstruktives Klärungsgespräch

1. Regel: Beherzigen Sie die Voraussetzungen für konstruktive Klärungsgespräche. Das sind: eine positive Grundhaltung, Selbstachtung, Achtung vor den anderen, Gefühle akzeptieren und aktives Zuhören. Martina hat die Voraussetzungen für konstruktive Klärungsgespräche eingehalten. Sie ist davon ausgegangen, dass Judith ihre Entscheidung akzeptieren würde (positive Grundhaltung). Sie hat sich von ihrem Ziel nicht ablenken lassen (Selbstachtung) und sie hat Judith Anerkennung gezollt (Achtung vor den anderen). Martina hat Judiths Gefühle akzeptiert (»Das tut mir sehr leid für dich«) und sich in ihren Argumenten auf die Beiträge von Judith bezogen (aktives Zuhören).

2. Regel: Achten Sie auf eine positive Körpersprache und eine angemessene Sprechweise. Ob Martina die Regeln eingehalten hat, konnten wir zwar nicht nachprüfen, doch der Verlauf des Gesprächs lässt vermuten, dass dies der Fall war.

3. Regel: Stellen Sie Fragen. Grundsätzlich ist das Stellen von Fragen eine der wichtigsten Kommunikationsregeln. Wer fragt, führt. Wer fragt, ist offen. Wer fragt, zeigt, dass sie oder er die Meinung der anderen hören will. Mit Fragen klären wir Unklarheiten.

Martina fragte Judith, ob sie sich vorstellen könne, in etwa zwei Jahren noch einmal vorbeizuschauen. Darüber hinaus Fragen zu stellen, wäre hier unangemessen, denn Martinas Entschluss steht fest und ist nicht verhandelbar. Es ist gleichgültig, wie Judith die Lage einschätzt. Hätte Martina Judith nach ihrer Einschätzung der Situation gefragt, hätte sie sie nur auf eine falsche Fährte gebracht. Doch in vielen anderen Fällen ist es richtig und notwendig, Fragen zu stellen!

4. Regel: Senden Sie Ich-Botschaften. Ich-Botschaften zu senden heißt, aus der eigenen Sicht zu sprechen und keine Schuldzuweisungen zu machen, wie »Du bist …« oder »Du hast …«.
Martina sagte: »Ich finde deine Mitarbeit problematisch.« Judith dagegen sendete im ersten Teil des Gesprächs Du-Botschaften, zum Beispiel: »Du bist doch bloß sauer auf mich.«

5. Regel: Zeigen Sie Verständnis. Martina hat Verständnis für Judith gezeigt und mit einer Begründung für ihr eigenes Verhalten um Verständnis geworben: »Ich bin nun mal für die optimale Betreuung verantwortlich.«

6. Regel: Kommen Sie Ihren GesprächspartnerInnen entgegen. Nicht immer kann man ein Angebot zur Güte machen. Martina stellte vage in Aussicht: »Vielleicht in zwei Jahren wieder.« Achten Sie aber – ob Angebot oder nicht – in jedem Fall auf einen positiven Abschluss des Gesprächs.

> Betrachten Sie die verschiedenen Hinweise und Checklisten wie einen Werkzeugkasten. Holen Sie sich stets das Werkzeug heraus, das Sie in der jeweiligen Situation gut gebrauchen können.

Kritik annehmen und Kritik ablehnen

Lernen Sie nicht nur andere wohlwollend zu kritisieren, sondern auch selbst zutreffende Kritik anzunehmen. Zum Beispiel: »Ja stimmt, ich habe den vereinbarten Termin vergessen. Entschuldige bitte, ich werde in Zukunft besser aufpassen.«

So zeigen Sie Ihre Zugänglichkeit für die Bedürfnisse anderer und gestehen sich Fehler zu. Das macht Sie sympathisch; andere sind dann empfänglicher für Ihre Kritik.

Umgang mit ungerechtfertigter Kritik

Weisen Sie jedoch unzutreffende Kritik zurück. Folgende Formulierungen sind geeignet: »Das ist nicht richtig, denn …« oder »Ich finde das nicht, weil …« oder »Ich sehe das anders …«, und begründen Sie Ihre Sicht der Dinge.

Kritik, so sagt ein altes chinesisches Sprichwort, sagt mehr über den Kritiker aus als über die kritisierte Person. Unzufriedenheit, Neid und Missgunst verleiten Menschen oft dazu, andere zu kritisieren, um von sich abzulenken. Deshalb müssen Sie nicht jede Kritik als Eingeständnis des Kritisierenden ansehen. Aber Sie müssen sich auch nicht jeden Schuh anziehen.

Erbitten Sie sich Zeit

Wenn Sie etwas nicht nachvollziehen können oder über einen Kritikpunkt nachdenken wollen, verschieben Sie das Gespräch. Kritikpunkte sind meist Einschätzungen aus der Perspektive der kritisierenden Person. Ihre eigenen Erfahrungen müssen damit nicht übereinstimmen. Stellen Sie sich beispielsweise vor, eine sehr ordnungsliebende Kollegin würde Sie wegen Ihres chaotischen Arbeitsstils kritisieren. Hier prallen zwei Blickwinkel aufeinander. Deshalb kann es sinnvoll sein, das Gesagte erst einmal zu reflektieren.

Fragen Sie bei versteckter Kritik nach

Fragen Sie andere, wie Ihr Verhalten oder Ihre Leistungen auf sie wirken.

Fragen Sie gezielt und konkret nach, wenn Ihnen der Umgang mit Ihnen oder Ihnen gegenüber geäußerte Bemerkungen feindselig oder in irgendeiner Weise ungewöhnlich erscheinen. Manche Menschen trauen sich nicht, Kritik direkt auszusprechen und sprechen dann indirekt, indem sie zum Beispiel sagen: »Du warst ja gestern bei der Vereinssitzung gar nicht dabei!« Fragen Sie bei unklarer Kritik nach.

Oft ist die oder der Kritikübende noch nicht zugänglich für solche konkreten Fragen und das Bedürfnis, eigene Schwierigkeiten auszudrücken, ist größer. Geben Sie in diesem Fall Ihren »KontrahentInnen« Gelegenheit, ihre Sorgen auszusprechen. Danach werden diese wieder zugänglicher für konkrete Lösungsvorschläge.

Ihre Checkliste für klares Sprechen

- Trauen Sie sich, Klartext zu reden!
- Entscheiden Sie, in welchen Situationen Klartext reden wichtig, in welchen unsinnig ist!
- Machen Sie den 8-Punkte-Check für mehr Klarheit!
- Zeigen Sie auch mit Ihrem Körper und Ihrer Stimme, dass Sie zu sich und Ihrer Meinung stehen!
- Denken und sprechen Sie positiv!
- Sprechen Sie klar und deutlich!
- Sprechen Sie weder rassistisch noch sexistisch! Sprechen Sie integrativ!
- Sagen Sie Ihre Meinung! Sagen Sie »Nein«!
- Äußern Sie Ihre Kritik konstruktiv! Nehmen Sie berechtigte Kritik an!
- Führen Sie Körper- und Stimmübungen für ein klares Auftreten durch! Die kinesiologischen Übungen von Seite 108 f. fördern Ihre Ausdrucksfähigkeit und klare Kommunikation!

Diese Checkliste hilft Ihnen zu sagen, was Sie wollen, und zu bekommen, was Sie möchten.

Sagen Sie lieber gleich »Nein«

»Ich weiß noch, wie mich mein Kollege Ludger Kolberg fragte«, sinniert Cora Hübsch in »Mondscheintarif«: »... ob ich nicht Lust hätte, nach der Arbeit noch mit ihm was trinken zu gehen. Eigentlich hätte ich ihm antworten müssen, dass ich schon allein die Frage für eine Unverschämtheit hielt. Manche Männer wissen sich einfach nicht einzuordnen. Die sind langweilig, humorlos, unattraktiv und verheiratet und fragen mich, ob ich mit ihnen nach der Arbeit noch was trinken gehen will. ... Herrn Kolberg sagte ich das alles nicht. Ich sagte ihm, im Prinzip liebend gerne, aber es gehe leider nicht, da ich, wie er ja wisse, jeden Tag mit dem Fahrrad käme, was ausgerechnet heute leider einen Platten habe. Ich sei also sozusagen bewegungsunfähig. Aber ein andermal gerne.

Aber was hatte ich davon – von dieser wohlmeinenden Lüge, die sowohl meine Feigheit als auch sein Ego bediente? Ludger Kolberg bot mir an, mich mit samt meines Fahrrads in sein Auto zu laden, zu einem Drink auszufahren und dann nach Hause zu bringen. Was bedeutete, dass ich kurz vor Dienstschluss runter schlich und die Luft aus meinem Fahrrad ließ, um nicht als Lügnerin dazustehen. Nein, Höflichkeit führt zu nichts. Ich muss daran arbeiten.«

Sagen Sie lieber gleich »Nein«. Wenn wir »Ja« sagen, obwohl wir »Nein« meinen, werden wir zurückhaltend und »komisch«. Wir gehen der anderen Person aus dem Weg und fühlen uns gehemmt. Wir waren nicht ehrlich und nehmen es uns selbst und auch der anderen Person übel, dass wir in diese missliche Lage geraten sind. Um mit sich selbst im Reinen zu bleiben, ist es viel besser, Sie sprechen Klartext!

Ich wünsche Ihnen viele Gelegenheiten zum Klartext reden und viel Spaß beim Ausprobieren!

Mein Erfolgstagebuch

„Niemand kann dich ohne
dein Einverständnis dahin
bringen, dich minderwertig
zu fühlen!"
Eleanor Roosevelt

„Du bist vielleicht enttäuscht, wenn du
scheiterst, aber du bist verloren, wenn
du es nicht versuchst!"
Beverly Sills

„Die allermutigste Handlung ist immer noch, selbst
zu denken. Laut!"
Coco Chanel

Mein eigenes Motto:

Um was geht es?
. . . .
. . . .
. . . .

Mein Ziel:
. . . .
. . . .
. . . .

Termin:
. . . .
. . . .
. . . .

Kontrolle:
. . . .
. . . .
. . . .

Erfolg feiern:
. . . .
. . . .
. . . .

Quellennachweise

Asgodom, Sabine: Erfolg ist sexy. Kösel, München 1999

Dennison, Gail/Dennison, Paul/Teplitz, Jerry: Brain-Gym fürs Büro. Verlag für Angewandte Kinesiologie, Freiburg im Breisgau 1997

Glass, Lillian: Mit mir nie wieder! 10 Methoden, mit Menschen umzugehen, die Ihnen das Leben schwer machen. Oesch, Zürich 1996

Kürthy, Ildikó von: Mondscheintarif. Rowohlt, Hamburg 2001

Mona Lisa, ZDF-Fernsehsendung vom 10. 03. 2002

Pease, Barbara/Pease, Allan: Warum Männer nicht zuhören und Frauen schlecht einparken – Ganz natürliche Erklärungen für eigentlich unerklärliche Schwächen. Ullstein, München 2001

Stewart, Ian/Joines, Vann: Die Transaktionsanalyse – Eine neue Einführung in die TA. Herder, Freiburg im Breisgau 1997

Stuttgarter Nachrichten, 8. und 23. 02. 2002

Tannen, Deborah: Du kannst mich einfach nicht verstehen – Warum Männer und Frauen aneinander vorbeireden. Kabel, Hamburg 1991

Tannen, Deborah: Job-Talk – Wie Frauen und Männer am Arbeitsplatz miteinander reden. Kabel, Hamburg 1995

Trömel-Plötz, Senta (Hrsg.): Frauengespräche – Sprache der Verständigung. Fischer, Frankfurt/M. 1996

Weiterführende Literatur

Asgodom, Sabine/Scherer, Hermann: Jetzt komme ich! Wie Frauen durch Marketing in eigener Sache nach oben kommen. MVG, München 2001

Berckhahn, Barbara/Krause, Carola/Röder, Ulrike: Schreck lass nach! Was Frauen gegen Redeangst und Lampenfieber tun können. Econ, München 1995

Fey, Carolin: working@office, 1/2001, Lass uns darüber reden – Konfliktmanagement. Gabler, München 2001

Fey, Carolin/Preuß-Scheuerle, Birgit: Rhetorik für Frauen I: Begeistern Sie! Frei und überzeugend reden; Rhetorik für Frauen II: Kommunizieren Sie zielorientiert! Souverän und überzeugend Gespräche führen. Frauenkolleg GmbH, Filderstadt/Stuttgart 2000

Fey, Gudrun: Selbstsicher reden – Selbstbewusst handeln / Rhetorik für Frauen. Walhalla, Berlin 1993

Franck, Norbert: Klartext schreiben. Mehr Erfolg im Beruf. Berichte, Protokolle, Pressemeldungen. Fit for Business, Regensburg 2001

Glass, Lilian: Mit mir nie wieder! 10 Methoden, mit Menschen umzugehen, die Ihnen das Leben schwer machen. Oesch, Zürich 1996

Gray, John: Männer sind anders. Frauen auch. Goldmann, München 1998

Havenith, Eva/Lamp, Ida: So trete ich als Frau überzeugend auf – Gespräche selbstbewusst gestalten. PAL Verlagsgesellschaft, Mannheim 1993

Henley, Nancy: Körperstrategien – Geschlecht, Macht und nonverbale Kommunikation. Fischer, Frankfurt/M. 1988

Kotthoff, Helga (Hrsg.): Das Gelächter der Geschlechter – Humor und Macht in Gesprächen von Frauen und Männern. Universitätsverlag, Köln 1996

Langer, Inghard/Schulz von Thun, Friedemann/Tausch, Reinhard: Sich verständlich ausdrücken. E. Reinhardt, München 2002

Larisch-Haider, Nina: Von der Kunst, sich selbst zu lieben. Kösel, München 2000

Lehner, Birgit: Selbstsicher handeln – Erfolgreich in Beruf und Alltag. Beltz, Weinheim 1993

Lerner, Harriet: Zärtliches Tempo – Wie Frauen ihre Beziehungen verändern ohne sie zu zerstören. Fischer Taschenbuch, Frankfurt/M. 2001

Pink, Ruth: Kommunikation ist mehr als nur reden. Auftreten, Umgangsformen, Rollenverhalten. Erfolgreich miteinander umgehen. Fit for Business, Regensburg 2001

Pusch, Luise F.: Das Deutsche als Männersprache. Suhrkamp, Frankfurt/M. 1984

Schlüter-Kiske, Barbara: Rhetorik für Frauen – Wir sprechen für uns. MVG, München 1998

Waal, Berit: Wer sagt, dass wir perfekt sein müssen? Abschied von der Überfrau. Droemer Knaur, München 1992

Walther, George: Sag, was du meinst, und du bekommst, was du willst – Mit Power Talking zum Erfolg. Econ, München 1990

Adressen –
Seminare und Beratungsstellen für Frauen

Asgodom live
Training Coaching
Potenzialentwicklung
Prinzregentenstr. 85
81675 München
Tel: 089-9824749-0
Fax: 089-9824749-8
www.asgodom.de

Geld & Rosen
Bahnstr. 35
53894 Mechernich
Tel: 02443-4624
Fax: 02443-8794
www.Geld-und-Rosen.de

Frauenkolleg GmbH
Carolin Fey
Kreuzäckerstr. 30
70794 Filderstadt / Stuttgart
Tel: 0711-77870-44
Fax: 0711-77870-50
www.frauenkolleg.de

Wirkstoff e. V.
Weiterbildung für Frauen
Reinsberger Str. 77
10115 Berlin
Tel: 030-440225-0
Fax: 030-440225-11
www.wirkstoff.org

Frau und Arbeit e. V.
Grindelallee 43
20146 Hamburg
Tel: 040-450209-0
Fax: 040-451210
www.frau-und-arbeit.de

Sachregister

Impressum

Ich danke Sabine Asgodom für ihre Empfehlung.

Ich danke Claudia Koltzenburg, Monika Pérez Linkenheil, Krischan Johannsen, Brigitte Menrad-Killet, Susanne Clauss-Schlösser, Hille Franke und den Teilnehmerinnen meiner Seminare für ihre konstruktive Mitwirkung.

Ich danke meiner Familie, meiner Mutter, Hannes und Freya, die mich während dieser Arbeit entlastet und unterstützt haben.

Bibliografische Information Der Deutschen Bibliothek

Die Deutsche Bibliothek verzeichnet diese Publikation in der Deutschen Nationalbibliografie; detaillierte bibliografische Daten sind im Internet über http://dnb.ddb.de abrufbar.

Wichtiger Hinweis

Die im Buch veröffentlichten Ratschläge wurden mit größter Sorgfalt von Verfasserin und Verlag erarbeitet und geprüft. Eine Garantie kann jedoch nicht übernommen werden. Ebenso ist eine Haftung der Verfasserin bzw. des Verlages und seiner Beauftragten für Personen-, Sach- oder Vermögensschäden ausgeschlossen.

Bildnachweis

Umschlagfoto: Picture 24/Rolf Bader

Fotos: Getty Images/Bavaria/Martin Riedl S. 32; IFA/Diaf/SDP S. 92; IFA/IT/tpl Int. Stock S. 18; Zefa/B. Bird S. 110; Zefa/I. Boddenberg/Creasource S. 8; Zefa/Creasource S. 48; Zefa/Creasource S. 60; Zefa/Masterfile S. 74

Impressum

© 2003 Knaur Ratgeber Verlage. Ein Unternehmen der Droemerschen Verlagsanstalt Th. Knaur Nachf. GmbH & Co., München

Projektleitung: Annett Wagner
Herstellung: Karin Kristen
Bildredaktion: Sylvie Busche (Ltg.), Kirsten Dieckerhoff
Umschlagkonzeption: ZERO-Werbeagentur, München
Satz: Pinkuin Satz und Datentechnik, Berlin
Druck und Bindung: Kösel, Kempten
Printed in Germany

ISBN 3-426-66724-x

Besuchen Sie uns im Internet
www.knaur.de

Gedruckt auf elementar chlorfrei gebleichtem Papier